Bruxelles
Mars 2014

L'Homme Oriental, l'Homme Occidental
Essai de modélisation de la pensée et de l'action

Livre I
Losange de la connaissance

L'Homme Oriental, l'Homme Occidental
Essai de modélisation de la pensée et de l'action
Livre I
Losange de la connaissance
Bijan Ghalamkaripour
Mars 2014
bijanghalamkaripour@yahoo.fr

TOUS DROITS RESERVES A L'AUTEUR

ISBN : 978-2-322-03518-2

Bijan GHALAMKARIPOUR

L'Homme Oriental, l'Homme Occidental
Essai de modélisation de la pensée et de l'action

Livre I
Losange de la connaissance

 **Introduction**

La modélisation est la simplification d'un sujet, en vue de sa meilleure compréhension par tous. C'est dans ce sens et depuis mes jeunes années que la motivation d'étudier "la connaissance", "l'idéologie" et "l'action" a nourri ma pensée: simplifier un sujet peut effectivement permettre à tous de bien le comprendre. Les raisons de cette envie sont multiples et cet intérêt pour la recherche des origines est né il y a bien longtemps.

D'origine iranienne, j'ai vécu les grands bouleversements qui ont secoué mon pays. Ayant connu la révolution iranienne de 1979, j'ai voulu en saisir les origines. Comprendre la genèse d'une révolution, au sein d'un pays sans problème économique majeur. Les fondements de cette révolution semblaient ne se trouver dans aucune théorie existante. J'ai ainsi voulu l'aborder sous un angle différent, plus personnel en vue de me l'approprier. En faire l'autopsie pour en comprendre le pourquoi, le comment, tout en faisant des études comparatives avec d'autres révolutions qui eurent lieu à différentes époques et en différents endroits.

A l'Université de Téhéran, comme étudiant, je pris part à un premier travail officiel, mais toujours dans un cadre estudiantin. Le sujet était vaste et intéressant: "Quelles sont les causes sociologiques du développement et/ou du sous-développement d'un pays? "C'est en faisant des recherches sur les différentes théories émises à ce sujet par les "penseurs sociaux", que j'ai remarqué à quel point cette question avait intrigué et suscité des commentaires divers. Pour comprendre le projet d'une société, il est intéressant, en effet d'avoir une vision globale du monde et de son histoire. De l'Ancien Testament aux mythes de la Chine et de l'Inde, en passant par Hérodote, Ibn Khaldoun et Montesquieu, de nombreux penseurs et sociologues ont discuté des points de convergence et de divergence des pays développés et des pays sous-développés.

Après l'Université, je fus donc intéressé et enthousiasmé par des œuvres d'auteurs, iraniens ou non, émettant des hypothèses sur l'intelligence ou le manque d'intelligence des Iraniens, sur leurs "folie", leur compréhension objective et subjective de la vie. Pour certains écrivains" essayistes", les causes du retard des pays du Tiers Monde, comme l'Iran, seraient dues au taux d'analphabétisme. Ne pas lire, ne pas écrire, amène à une méconnaissance du monde moderne, donc à l'impossibilité de s'ouvrir à l'innovation, au développement, et d'avoir une vue rationnelle sur les choses. Si on veut aller vers la modernité, il faut s'ouvrir à l'Occident, à son idéal. D'autres penseurs, par contre, poussaient l'Iran à se replier sur lui-même afin d'éviter l'occidentalisation et la modernité débridée. Ce sont ces ambivalences, ces extrêmes qui m'ont poussé à faire ces recherches; à tenter de distinguer, autant que faire se peut, le vrai du faux, le point d'équilibre.

Même si cet essai n'a aucune prétention, j'espère qu'il pourra être abordé. Un des objectifs de ce travail est d'offrir une théorie, vue sous l'angle d'une micro-explication du comportement individuel et d'une macro-recherche de l'origine des changements historiques, ainsi que de mettre en convergence deux grands courants de la sociologie: le déterminisme et l'école de compréhension. Mon projet est donc de créer un schéma théorique facilitant l'étude des divergences entre les valeurs sociales qui existent entre l'Orient et l'Occident et offrir ainsi une vision plus claire d'un fondement théorique comme "la compréhension et la modélisation des interactions", une connaissance des questions fondamentales de la philosophie.

En ce qui concerne le titre de cet essai, à savoir "Connaissance et Actions", je dois préciser que la connaissance est un des discours philosophiques les plus fondamentaux. Elle est le fondement de l'activité de l'homme. Cette connaissance guide toutes nos attitudes et nos croyances et c'est pour cette raison qu'étudier son fonctionnement peut nous éclairer sur ses différents" modèles"; créer une typologie des différentes idéologies et par conséquent des différents types d'action. La modélisation, dans son sens large, est la représentation abstraite d'un phénomène pour en faciliter son étude. Ceci peut nous aider dans la théorisation et finalement dans la construction d'un système de description et d'explication.

Ce qui va suivre, est, je pense, un discours assez nouveau voire novateur; même s'il ne se veut pas exhaustif. Et comme pour tout ce qui est nouveau, il demande des enquêtes, des analyses, ce qui veut dire que je ne suis pas totalement certain de sa véracité. Je suis donc sans prétention. Si je le publie, c'est parce que je connais son imperfection et attends de le confronter pour l'enrichir. Je serai donc heureux de recevoir des critiques.

Il est de ma gratitude et de mon honneur de mari, de remercier mon épouse de son grand soutien, car, sans elle, je ne pouvais pas réaliser cet essai. Il est aussi de mon devoir d'ami de remercier mes chers amis, Jean-Paul Denis et Moreno Giannini, pour leur aide à mieux réaliser cet essai.

Bijan Ghalamkaripour
Mars 2014, Bruxelles, Belgique

bijanghalamkaripour@yahoo.fr

 Connaissance et l'Action

L'activité la plus banale, la plus élémentaire de l'homme est l'action. Elle est l'expression matérielle ou symbolique d'une volonté pour arriver à un but. Dans la vie collective, les comportements individuels se transforment en action sociale et donc inévitablement en contacts sociaux qui provoquent une réaction. C'est ainsi que l'interaction sociale apparaît.

Les humains dès leur naissance sont immergés dans les actions sociales. L'homme n'est jamais seul et c'est la raison pour laquelle on peut dire qu'il n'est pas un être psychologique, dans le sens d'être replié sur une monade psychique qui le coupe du monde, mais un être social en continuelle interaction avec son environnement. Cette sociabilité est due à la nécessité existentielle de l'homme. Même si, durant sa vie, il subit des changements, se transforme par ses expériences en un être asocial ou antisocial. Il est et reste un être social. Selon la majorité des sociologues, le concept de l'action sociale est un des concepts les plus fondamentaux de la sociologie, car l'action sociale construit non seulement l'élément essentiel de la vie de l'homme, même lorsque l'homme vit seul, mais aussi - au vu de l'importance qu'on donne à ce concept - le sujet d'étude de la sociologie, qui peut être l'objet de différentes interprétations et discussions.

Au 18ème siècle, avant que la sociologie devienne une science à part entière, la question de l'action sociale était considérée dans différents discours de penseurs sociaux. Pourtant, en sociologie, en tant que science moderne, le discours sur l'action sociale est un discours novateur. Sur cette base, nous pouvons dire qu'en sociologie, l'étude de l'interaction sociale est divisée en deux grandes catégories: le déterminisme et le " réactionalisme ". Il est clair que chacune de ces catégories a ses propres méthodes d'approche analytique qui sont en concurrence, et parfois en conflit, avec celles de l'autre. Il est donc intéressant de comprendre le facteur essentiel de l'action des penseurs.

A- Le déterminisme

Le déterminisme est l'explication du comportement individuel par des causes externes, c'est-à-dire en le plaçant dans des cadres préétablis. Ces schémas sont issus de deux sources: d'une part, un système de normes intériorisées; d'autre part, la construction hiérarchisée des différentes positions sociales. Les théories des penseurs tels que Saint-Simon, Karl Marx et Émile Durkheim se trouvent dans cette catégorie. Dans la première moitié du 19ème siècle, Saint-Simon a en effet parlé de l'action sociale pour expliquer le social dans ce qu'il appelait "la science de l'histoire". Les nouveaux systèmes et des grands changements auxquels il faisait face, il les a appelés la " société industrielle ".Selon lui, l'histoire des sociétés européennes est passée par différentes étapes: l'étape théologique, militaire et finalement industrielle. Auguste Comte, son secrétaire, a repris l'idée de ces trois étapes et les a appelées: Théologie,

Métaphysique et Positivisme. Dans la société industrielle, toutes les forces sociales sont au service de la dignité humaine. Les élites du futur proviennent de la classe ouvrière qui est la classe la plus fondamentale de la société et qui est la classe nourricière de cette nouvelle société. Toujours selon St-Simon, l'évolution historique a commencé après la révolution de 1789 et les meilleurs de la société, c'est-à-dire les savants, les ouvriers, les banquiers et les industriels forment un ensemble dans cette classe.

Par ce changement historique " les organisations sociales", ont commencé à se transformer. Les grands événements de cette année ont été à Paris, l'occupation de l'ancienne prison, la prise de la Bastille, le 14 Juillet 1789, la Déclaration Universelle des Droits de l'Homme le 26 août 1789, le soulèvement populaire à Paris, les 5 et 6 octobre 1789, la nationalisation du clergé catholique, etc... Pour Saint-Simon, on peut reconnaître la différence entre "l'ancien régime" et " la "société industrielle" par la différence qui caractérise leurs actions. L'action, dans l'ancien régime, est fondée essentiellement sur les conflits, la défense, la confrontation militaire et la guerre. Tandis que dans la société industrielle, la nouvelle forme d'action se fonde sur la production et le développement industriel ainsi que la créativité. La société articule alors sa suprématie sur le progrès et non sur la confrontation. Dans cette nouvelle société, les classes sociales se catégorisent par des critères qui concernent l'action positive: la classe productrice est la classe industrielle qui positivement produit et, concrètement, est la seule classe active. Active, signifiant ici, qui a potentiellement le pouvoir de création de biens matériels et culturels. Face à cette classe industrielle, se trouve la classe des nobles. N'ayant aucun rôle actif, ils furent considérés comme des parasites. Pour créer un terrain propice à l'émergence d'une société industrielle, on ne peut compter que sur la classe active, formée par les ouvriers, les industriels, les avocats... Chaque acte posé par un actif est un acte social et politique pour sensibiliser à l'importance de leur situation. Un membre actif de la société a le pouvoir d'agir. Le but ultime est de coordonner toutes les activités pour en faire un ensemble harmonieux d'actions productrices.

Jusqu'en 1870, le Saint-Simonisme a fortement influencé l'émergence des penseurs "sociaux", basée sur deux courants de pensées: le capitalisme et le socialisme. La bourgeoisie, composée de banquiers et de patrons, voyait ses activités économiques comme le vecteur social menant au progrès industriel. Se fait jour une accélération du développement économique menant à l'émergence d'une société nouvelle et aux libertés individuelles. On découvre, dans les idées de Saint-Simon, des divergences étonnantes. Il accorde en effet une grande importance aux pouvoirs des ingénieurs et des techniciens, mais aussi à la société. La tradition sociale considérait Saint-Simon comme le fondateur et le premier théoricien du socialisme.

Proudhon, un autre génie de la pensée sociale et économique, est le premier à se considérer comme un anarchiste, et ceci avant Karl Marx, fondateur du concept de socialisme scientifique. Selon Proudhon, l'auteur de la célèbre phrase " la propriété, c'est le vol" et qui a mis en exergue, " la plus-value " du travail commun, Saint-Simon, en donnant la priorité aux producteurs, a ouvert le chemin vers le social libéralisme. Beaucoup de questions soulevées aujourd'hui furent déjà posées par Saint-Simon: la définition des systèmes sociaux, la dynamique de la société industrielle, la différence des classes sociales, les conflits de classe, l'importance de la science et de la technologie, les changements dans les systèmes intellectuels et leurs valeurs partagées, les différents modes de domination politique et la "main-pouvoir", ainsi que le contrôle de décision dans les sociétés industrielles. La liste n'est évidemment pas exhaustive. Comme je l'ai soulevé plus haut, Saint Simon considère toute notion d'action comme un acte individuel ou collectif, mais, avant tout, comme un acte ciblé et réfléchi. En d'autre termes, l'intention et la conscience sociale jouent un rôle primordial dans l'action, car elles sont basées sur l'intérêt individuel et l'intérêt des classes.

Ces concepts se sont perpétués dans les œuvres de Karl Marx. Selon lui, c'est l'action du "travail" qui crée les changements historiques. C'est pour cette raison qu'il fait appel, dans ses écrits, au prolétariat pour entreprendre des actions politiques afin d'arriver aux changements sociaux voulus. Il considère que tout acte politique venant de la classe prolétaire est le fondement de la révolution sociale et le moteur de grands changements. Et pour cette raison, la question de l'action ne se cache pas dans les différentes analyses politiques, économiques ou historiques de Karl Marx. Dans son livre "*Le Capital*", il appuie moins ses analyses sur l'action sociale que sur l'étude des structures économiques, leurs conflits et leurs évolutions. Le but de son analyse est effectivement de découvrir la différence des rapports sociaux de production, la division des classes, ainsi que les changements des règles de production. Selon Marx, l'action sociale est au centre des relations causales dans les conflits structurel du capitalisme conscient et se base sur le mode de production. Une telle action est donc consciente, mais aussi déterminée par le mode de production. En d'autres termes les acteurs ne sont pas libre ou non d'agir, ils ne peuvent échapper à "l'acte".

Emile Durkheim considérait Saint-Simon comme le premier penseur ayant une vision globale de la société humaine. Il la voyait comme une entité globale, ayant ses propres règles, ses propres lois. Dans son livre *"Les règles de la méthode sociologique"*, Durkheim cite que le but de la sociologie n'est pas d'étudier les structures économiques, mais de cibler de manière objective les "faits sociaux", c'est-à-dire les idées, les pensées, les sentiments et les comportements. Les actions sociales créant des modèles de comportements qui existent en dehors de l'individu, tout en ayant le pouvoir de s'imposer à lui. Ainsi, l'objet de la sociologie serait d'étudier les actions sociales et les comportements collectifs afin d'en analyser les différents modèles pouvant s'imposer à l'être humain, tout comme les croyances ou le langage qui s'imposent aux habitants d'une région donnée.

B- Le réactionalisme

Ce type d'approche d'action sociale suppose que la compréhension et le sens de l'action induisent une procédure qui n'est pas saisissable à l'avance, car ni son début et ni sa fin ne sont connues et prévisibles *apriori*; autrement dit, l'action n'est pas déterminée par des facteurs en dehors de sa volonté. Selon la " réactionalisme ", une grande part de la procédure de la compréhension de l'action sociale repose sur l'interaction des acteurs, laquelle est analysable avec le simple bon sens. Les théories de Max Weber, Raymond Aaron, Alfred Schutz, Alain Touraine font partie de ce courant.

Max Weber considérait la sociologie comme une science qui essaye de comprendre l'action sociale en analysant le comment du déroulement des actions et les résultats qui en découlent, pour offrir une explication adéquate aux faits sociaux. C'est ainsi que Max Weber estime que l'action sociale en tant que comportement humain a des objectifs reliés au sens que les acteurs donnent à leurs comportements. Pour lui, l'aspect du subjectivisme (la signification que quelqu'un donne au comportement de quelqu'un d'autre) se lie à l'objectivisme (la prévision du type de motivation qui doit guider le comportement de quelqu'un dans une certaine circonstance). La force de la théorie wébérienne se trouve dans l'explication "probabiliste" du comportement humain. Weber évoque une typologie des activités sociales dans lequel il propose une gamme de différentes activités mentales pour nous montrer à quel point la rationalité seule ne peut jouer dans le comportement social. Dans cette typologie, il y a quatre types de comportements sociaux distincts:

- action rationnelle en finalité qui est axée vers un but que l'individu essaye d'atteindre de manière rationnelle;
- action rationnelle en valeur, qui peut être une valeur religieuse ou morale et est une action que l'on pose par conviction religieuse et ou morale;
- action affective qui est déterminé par le sentiment et l'émotion;
- l'action traditionnelle qui est axée sur les coutumes et les habitudes.

Il convient de noter que l'action sociale peut en même temps et à des degrés divers contenir différentes formes d'action, à savoir rationnelle, traditionnelle ou affective. En fait les caractéristiques d'une action pour Max Weber sont les suivantes:

- dans l'action, l'acteur est réellement actif, c'est-à-dire que l'individu n'est pas un acteur sans volonté dans une structure économique, comme le pensait Durkheim, Karl Marx ou les autres déterministes;
- L'action a un objectif (but, sentiment, tradition, etc...) et a en même temps un sens pour l'autre. Un des objectifs de la sociologie est de reconstruire le sens, les attentes, les attitudes de l'individu. Grâce à ces trois dimensions, on peut expliquer l'action de l'individu.
- Le troisième niveau d'action est défini lors d'une action sociale qui se réfère à d'autres comportements. On peut dire " action ", lorsqu'il y a un acte vers quelqu'un d'autre. L'acte trouve un sens. Et c'est pendant l'acte qu'il trouve son orientation.

Raymond Aaron a tenté de développer et d'utiliser la pensée wébérienne au niveau de la philosophie de l'histoire, et cela pour s'opposer au marxisme. Selon lui, la théorie de l'action, son interprétation et sa compréhension, se trouvent au centre de la pensée wébérienne et démolissent toutes les illusions de la philosophie de l'histoire vue sous l'angle du déterminisme. L'action humaine ne peut se réduire aux seules lois et règles de la nature et il ne peut pas prévisible de telle sorte qu'on puisse les étudier dans les mêmes conditions qu'une expérience physique dans le laboratoire. Une classe sociale ne peut donc s'adapter à une réalité assez objective de sorte qu'on puisse prévoir le comportement des membres de cette même classe. C'est pour cette raison que le déterminisme historique et économique dans la pensée marxiste perd de sa valeur. Comprendre et interpréter des événements sociaux ne peuvent être un phénomène objectif.

Alfred Schutz, sous l'angle wébérien, a voulu comprendre l'action de l'individu à travers son action journalière. Il ne voulait pas, comme le fit Durkheim, expliquer les faits sociaux en tant que phénomène objectif. Pour Alfred Schutz, entre l'objectivisme comportementaliste de l'individu (qui se résume dans la forme du comportement), et le comportement d'apparence ou subjectivisme (qui rendent l'individu conscient de son état), il existe une autre méthode: le monde social avec toutes ses institutions, ressemble à un monde significatif pour l'observateur. Le travail du sociologue est donc d'écrire ce monde et d'expliquer les expériences vécues par lui-même ou par les autres, au travers du monde des signifiants. En résumé, Alfred Schutz traite des actions d'un individu dans son environnement social et tente par là-même de comprendre les rapports intersubjectifs de ces individus en testant les rapports compréhensifs de ces acteurs. Pour Schutz, comprendre les actions des individus passe par la reconnaissance de leurs intentions et de leurs motivations. On peut prouver que toutes les relations sociales, comprises et vécues par un individu, sont centrées sur son monde. Le prototype de la relation avec l'autre passe par le fait de participer à une même activité, dans le même espace-temps. Lors de l'observation d'une activité sociale, Schutz se tourne vers la philosophie de la phénoménologie, Ainsi, la sociologie de la vie quotidienne permet d'étudier, grâce à une "typification", comment les acteurs se comportent, tout en comprenant le monde social qui les entoure. C'est dans ce sens que chaque individu a pour lui-même des "idéales-type" au sens webérien du terme. Si nous comprenons ces idéales-types, nous pouvons arriver à une description inter-subjectiviste, étudier comment les individus interprètent leur environnement social pour acquérir le meilleur comportement face à l'autre. On utilise un typification sociale. Utilisant ces modèles comportementaux, les acteurs s'attendent à des réponses spécifiques. C'est pourquoi ils organisent leurs expériences par rapport à leurs attentes dans la société.

Contrairement à A. Schutz et s'appuyant sur des recherches de terrain, Talcotte Parsons met en place un modèle structuro-fonctionnaliste. Tout en utilisant les idées et les théories de Durkheim et Weber, il tente de créer une théorie générale de l'action. Selon cette perspective, il n'existe pas de divergence fondamentale entre l'objectivisme Durkheimien et le subjectivisme Wébérien. Selon Parsons, l'action Humaine est un ensemble de comportements objectifs et subjectifs qui se trouvent dans un des contextes suivants:

- le contexte biologique c'est-à-dire l'organisme et de tous ses besoins;
- le contexte psychique, c'est-à-dire la personnalité des gens;
- Le contexte social, c'est-à-dire le contexte d'interaction sociologique entre les individus, les groupes;
- contexte culturel, c'est-à-dire les normes, les modèles (patterns), les valeurs, les idéologies et finalement les connaissances.

L'action de l'homme se situe dans ces quatre contextes. Ces

contextes s'influencent mutuellement et d'une manière interactive: ils agissent et réagissent aux forces et aux facteurs provenant de chacun d'eux. L'action de l'acteur contient effectivement une finalité, la situation composée de conditions et de moyens et finalement les normes et les valeurs en fonction desquelles le but a été choisi. Ainsi, le système social est la manière d'organiser ces actions et ces acteurs. Le système social est tenu de résoudre deux questions fondamentales à savoir: l'intégration et la production. Pour ce faire, le système social doit pouvoir répondre aux quatre fonctionnements: l'adaptation qui passe par l'économie, la poursuite des buts qui passe par le politique, l'intégration qui passe par le droit et la stabilité normative qui passe par la socialisation. L'interactionnisme symbolique et ethnométhodologie avec les travaux d'Erving Garfinkel ou les travaux de John Elster se range aussi dans cette optique. Dans l'interactionnisme, l'accent est mis sur les influences que ces interactions effectuent sur les individus qui, dans leurs négociations et leurs conversations avec l'autre, s'imprègnent des effets qui sont l'objet des études d'interactionnisme.

John Elster, à son tour, en s'inspirant de la théorie de Weber concernant l'action rationnelle axée vers un but, étudie les actions individuelles comme le centre d'intérêts. Michel Crozier, en distinguant entre deux systèmes d'organisation, celui de bureaucratique et celui de l'organisation ouverte, conclut que, pour comprendre des actions sociales, il faut d'abord comprendre le système d'action. Dans un système rigide et contrôlé, tel que le système d'organisation bureaucratique, les relations et interactions face-à-face des membres ne sont pas permisses tandis que dans le système d'organisation ouvert, ce genre de relations non seulement est permis, mais bien apprécié.

Alain Touraine fait une distinction entre ce qui est objectif, c'est-à-dire la structure, et ce qui est subjectif, c'est-à-dire l'action. Selon lui l'action est porteuse de signification et de sens, c'est la raison pour laquelle il faut opter pour une sociologie des acteurs plutôt que pour une sociologie de société. Ainsi l'objet de la sociologie n'est plus d'étudier des structures et des faits sociaux mais les mouvements sociaux. C'est avec ces mouvements que la société continue à se faire et se refaire et se transforme à force de conflits, des négociations et des compromis.

Pierre Bourdieu, pour comprendre l'action sociale, propose d'étudier les *habitus* pour montrer comment les comportements individuels et les choix des membres de la société se passent dans l'espace social et à quel point les modèles de comportement et de jugement sont intériorisés par l'éducation. L'individu essaye de reproduire les modèles de comportement qu'on lui a appris. L'objet de travail de la sociologie est donc de comprendre les comportements, les agents sociaux et leur raison pratique pour qu'elle puisse déterminer *l'habitus* ou espace social.

****

Dans les pages précédentes, nous avons procédé à un survol des différentes théories sociologiques. Nous avons vu que malgré leurs divergences, on constate leur convergence sur le fait que "l'action sociale d'un individu est une action consciente et "intentionnelle". L'action intentionnelle est basée sur un ensemble de données et d'informations de l'individu. Ces informations peuvent provenir de <u>structures sociales</u> ou de l'interprétation du sens de l'action d'autrui. L'important est la façon dont elles sont récoltées, créant des paradigmes sur lesquelles se modèlent les actions des individus dans une société donnée. Il est ainsi à retenir que "toute action humaine est basée sur une connaissance". Autrement dit la seule certitude qui s'impose, c'est que "l'homme n'agit jamais dans une ignorance totale", même les actions les plus superstitieuses se fondent sur une forme de connaissance. Cette connaissance peut être inexacte ou incomplète, fausse, erronée, imposée, mal interprétée, arrogante, ou provenir d'une mauvaise compréhension, être suscitée par la compassion, l'orgueil ou tout autre raison, mais "ce qui est certain, c'est que toute forme d'action ne peut faire abstraction d'une quelconque connaissance."

Ce point étant clarifié, cherchons comment cette connaissance est acquise et, pour cela, nous devons nous retourner vers un discours fondamental de la philosophie qui est "la connaissance". Un discours fondamental parce que l'apparition de la philosophie se fait en réaction au sophisme qui niait et nie toujours l'existence de "la connaissance" chez l'humain. Pourtant la connaissance est le fondement de chaque idéologie. En effet, le socle et le fondement de chaque idéologie, c'est la connaissance. La connaissance est la vision du monde d'une idéologie et c'est sur cette vision qu'est situé la vision de la société, de l'Homme et de l'histoire comme nous apprend Ali Shari'aty. Ainsi la connaissance constitue l'infrastructure argumentaire de chaque idéologie[1]. J'entends par idéologie le système harmonieux de croyances expliquant les attitudes et comportements des individus, lesquels le

---

[1] - Ghalamkaripour, Bijan; 2012.

guident vers une action adaptée à leurs croyances. Ici, "harmonieux" ne signifie pas transcendantal ou métaphysique, bien que ces éléments différents s'emboîtent parfaitement. Par ailleurs, bien que l'idéologie soit un système théorique, il est totalement différent de "la théorie" qui sert à expliquer les faits. L'idéologie est différente aussi de la religion, parce que l'idéologie ne possède pas nécessairement l'aspect sacré et métaphysique qui domine la religion. L'idéologie est en fait une théorie et une croyance utile pour réunir toutes sortes de pensées et visions du monde dans un seul "package" et qui orientent les attitudes des gens. Il est évident qu'une idéologie (ou ce "package") tombée en désuétude, devenue adynamique, abstraite et inutile, peut par la suite être reprise, transformée, rendue active et dynamique. Ainsi ressuscitée, l'idéologie devient un sous-ensemble. Exemple: nazisme, néonazisme; positivisme, néo-positivisme...

Dans la construction de l'idéologie, la connaissance joue un rôle prépondérant. C'est sur base de cette connaissance de l'existence que les autres éléments de ce système donnent un sens à leur fonctionnement et contribuent à l'interaction interne du système, Pour certains, définir la notion de "la connaissance" n'est pas possible, car cette notion est tellement claire et évidente qu'elle n'a pas besoin d'être définie. D'autre part, si nous la définissons de manière scientifique, alors on risque de rentrer dans un cercle vicieux parce que si ce que l'Homme connaît, c'est la connaissance, alors définir la connaissance par la connaissance c'est tomber dans un cercle vicieux et si on la définit autrement, les définitions données ne seront pas scientifiques et se résumeront à du verbiage. Ceci est typiquement un argument sophistique qui joue avec les mots. Nous connaissons l'inconnu par le connu. Et le connu par d'autres connus. Aussi, bien que la notion de connaissance soit claire, convient-il de lui donner une définition: c'est un discours philosophique sur les différents types de connaissances et les moyens de les acquérir. Identifier les choses fondées sur le questionnement du pourquoi, du comment, du combien, tel est le critère de la réalité visant à reconnaître le vrai du faux.

Aujourd'hui, nous savons qu'en dépit des obstacles, des limites, des erreurs, l'individu peut néanmoins faire montre d'un sens critique. En d'autres termes, l'homme a le pouvoir d'acquérir des connaissances avec un certain degré de certitude. D'autre part, tant que l'homme ne détermine pas sa situation, sa position par rapport à ses acquis cognitifs, il lui est impossible de prendre quelque décision juste et d'agir sur son environnement. La raison en est simple, celui qui croit, comme les sophistes, que le monde est inconnaissable et que l'homme vit dans sa subjectivité interne, tombe dans une subjectivité absolue et n'arrivera pas à avoir une compréhension exacte du monde qui l'entoure.

Ceci étant dit, mon intention est d'approcher le discours de la connaissance du point de vue pratique. Mon objectif est en fait d'établir une catégorisation globale des différentes sortes de connaissance, qui donnent naissance aux différentes idéologies orientant les attitudes diverses des individus. C'est là ce que j'entends par la connaissance du point de vue pratique. Pour cela, je tenterai d'établir une modélisation de la pensée et des différentes attitudes y correspondant. Autrement dit, mon objectif est de modéliser les différentes manières de penser et les différentes attitudes qui y correspondent. Je m'efforcerai de montrer que les idéologies qui ont le potentiel de mobiliser les individus sont fondées sur des principes et qu'elles agissent dans des zones d'action.

Dans la conversation de tous les jours, nous utilisons le mot " modélisation " pour désigner une réalité, une image et un exemple que les gens essaient de reproduire dans leur vie. Par exemple Che Guevara, modèle de la jeunesse révolutionnaire; l'abbé Pierre et sœur Theresa, modèles du sacrifice; Gandhi, modèle de la Paix et de la conciliation, etc... On constate ainsi que les leaders politiques, les saints, les artistes, les célébrités peuvent fournir des exemples et des modèles. Même dans les sciences, par exemple en sociologie, pour expliquer les problèmes sociaux, on compare la société à un organe dont les pieds sont les ouvriers, la tête les dirigeants politiques, etc... Cela a abouti finalement à l'organicisme de Herbert Spenser. Remarquons que la modélisation dans la méthodologie sociologique est la représentation fabriquée artificiellement et abstraitement d'un fait social, d'une " réalité sociale ". Dans ce sens, la modélisation est une pensée sociologique concernant une action, un système social ou une position sociale. Ici le modèle ne recrée pas, ne reconstitue pas la réalité. En fait, il représente la réalité de sorte qu'on puisse l'interpréter et s'en inspirer. On utilise ce genre de modélisation à trois niveaux. Une sorte de modélisation est sur la base de "l'idéal-type" proposé par Weber. Ici, on procède par la critique, c'est-à-dire une observation exacte de la réalité et de l'empirisme, et on reconstruit mentalement un ensemble infini de situations différentes. Par exemple, "l'idéal-type" du féodalisme et du capitalisme ne prétend pas présenter les formes concrètes de ces systèmes sociaux et économiques, mais plutôt une image discutable et interprétable de ceux-ci pour pouvoir les interpréter, les commenter et les analyser.

Il est également possible de modéliser une action sociale institutionnalisée comme une méthode éducative, une relation de forces ou un jeu sportif. Il faut alors prendre en compte l'ensemble des relations qui montrent le fonctionnement de ce système avec ses acteurs, leurs rôles, leurs réactions, convergentes et divergentes. Ce modèle est le rapport dialectique entre les observations empiriques et les productions mentales. Ainsi, on peut commencer à les commenter et les analyser. On peut même aboutir, dans ce cas, à une formulation mathématique, par exemple en observant d'une part les arbres dans la nature; d'autre part, en les comptant, on peut arriver à une production mentale de chiffres. Ceux-ci n'existent pas dans la nature.

Une troisième sorte de modélisation tient compte d'une signification qui est à un niveau plus général et qui s'approche d'une théorisation, d'une modélisation interprétable. Dans ce sens, on propose un modèle général englobant un vaste domaine de données récoltées et finalement on les décrit et ensuite on les explique. La théorie de l'intégration de Durkheim, qui prétend que l'individu est le résultat de la société et que même ses sentiments personnels ou lui viennent de la société qui l'entoure, est un bon exemple. Dans le modèle déterministe, la société prime sur l'individu, et via le processus de l'intériorisation et de la socialisation et par ses institutions telles que l'école, la famille, la religion etc..., lui impose ses valeurs et ses normes. Dans ce sens, l'homme moral est le résultat de la morale humaine de la société qui intègre l'individu.

L'autre exemple, c'est la théorie du processus de la civilisation de Norbert Elias. Sur base de cette théorie, devenir civilisé est une évolution des structures de personnalité dont il faut chercher le résultat dans la transformation des structures sociales. Pour Norbert Elias, cette évolution en Europe occidentale s'est produite entre les années 800 à 1900. Les facteurs tels que les changements sociaux, l'avancée technologique, les inégalités sociales d'une part et la concurrence entre les individus et les groupe sociaux d'autre part ont joué un rôle important. Ces facteurs ont amené les sociétés occidentales vers une concentration de population et de richesses au sein de l'État central.

La modélisation que je vais présenter relève de ce troisième niveau, c'est-à-dire une explication à un niveau très global. Je vais en effet essayer d'arriver à une théorisation et une modélisation interprétative montrant une schématisation générale qui contient un grand champ de données pour que je puisse arriver à une systématisation descriptive et explicative. Je dois faire remarquer qu'une telle présentation, ou "schématisation géométrique", aide à placer le sujet d'étude particulier parmi d'autres sujets et montre clairement la précision de la compréhension du sujet ainsi que le transfert du sujet: cela rend son apprentissage plus facile...

Modèle de la connaissance en théorie

Les être vivants, pour survivre, en plus des outils biologiques et génétiques, ont besoin de certaines informations pour pouvoir utiliser les outils qu'ils ont à leur disposition. En fait, lorsque le fétus se fait dans l'utérus de la mère, et, après quelques temps, qu'un certain type de simple prise de conscience de soi et de son entourage lui sont possibles, il reçoit des "commandes de comportements congénitales", tout comme son organisme a reçu des commandes génétiques. Ces "conditionnements congénitaux" sont ce que nous appelons "l'instinct".

Les instincts aident les nouvelles créatures arrivées au monde, même dans l'utérus, à avoir les comportements appropriés pour leur propre survie. Les instincts présents, existant depuis la naissance, comprennent les tendances qui sont des composantes génétiques de l'être vivant. Bien entendu les instincts sont indépendants de toute expérience de l'entourage de l'être vivant. Les instincts sont des réponses inhérentes aux motivations vitales de l'être vivant. En effet, les instincts dérivant d'un programme comportemental génétique jouent un rôle vital pour l'être vivant. Pierre-Paul Grassé nous dit que *"l'instinct est la faculté innée d'accomplir, sans apprentissage²"*.

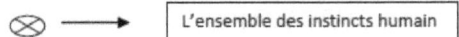

Les instincts ne s'apprennent pas et les objectifs à long terme ne font pas partie de son programme. Les instincts sont là pour un équilibre temporaire. Par exemple, du point de vue instinctif, les relations sexuelles servent plutôt à éliminer les appétits sexuels, et les êtres vivants, lors des relations sexuelles, ne pensent pas à la pluralité de générations ou à engendrer de nouveaux talents ou des soldats courageux pour la défense de la patrie. L'instinct n'est ni fonction du temps ni fondation de l'espace, parce qu'il ne s'adapte ni aux conditions environnementales, ni ne se transforme au fil du temps. Partout sur la terre, les oiseaux construisent leur nid en fonction de leurs instincts et les araignées fabriquent leurs toiles sur base également d'instincts millénaires. Les petits des tortues courent vers la mer, et les canetons, avec leur expertise et leurs compétences se jettent à l'eau et nagent aisément. Il convient de noter que, dans certains cas, les opérations instinctives ont besoin de stimulants pour démarrer, mais, une fois lancées, suivront leur cheminement naturel: les oiseaux qui sont nés dans une petite cage et qui y ont grandi, dès l'instant où ils sont hors de la cage, volent parfaitement.

---

2 -Le dictionnaire des Sciences humaines, page 360

Il est évidemment possible pour l'être vivant de pouvoir améliorer ses instincts: le temps de chant des oiseaux qui sont nés dans une cage est plus court que celui des oiseaux en liberté, et cela en raison de l'expérience qui aide les oiseaux libres à mieux chanter. Autrement dit, il existe une relation directe entre l'instinct et l'intelligence. Les castors utilisent leur intelligence pour améliorer la construction des barrages qu'ils réalisent.

Nous trouvons donc que certains principes de base de la raison et de l'expérimentation font peut-être partie des instincts. La différence entre l'homme et les animaux, en termes d'actes instinctifs, c'est que les instincts chez l'homme, au fil des années, se laissent influencer peu à peu par des enseignements culturels, de sorte qu'après un certain temps, des "commandes de comportements congénitales" disparaissent et ne resteront que certaines parties des comportements instinctifs. En effet, chez l'homme, et après le "Big Bang" de la "naissance" et après le déroulement du "temps" et l'acquisition de l'expérience au sein de son environnement et de son entourage, il se trouve que l'homme acquiert d'autres connaissances qui vont l'aider dans ses actions. En recherchant parmi les différentes théories à ce sujet, j'ai mis en relation les quatre types de connaissances et j'arrive à un nouveau modèle concernant la connaissance de l'homme. Ces quatre types de connaissances sont les suivant:

1- La connaissance rationnelle

Cette connaissance nous provient des possibilités que notre cerveau met à notre disposition, comme analyser, abstraire, combiner, comparer, etc... Ce sont des connaissances liées à l'existence intérieure de l'homme. Cela veut dire qu'à l'intérieur de l'être humain existent des possibilités qui peuvent lui offrir certains services. Ces opérations se passent dans le cerveau humain, et la source de cette connaissance est la "raison". Cette "raison", au fil du temps et en s'imprégnant de l'influence des autres sources que nous allons voir, devient plus solide, plus active et plus opérationnelle.

2- La connaissance expérimentale

Ce type de connaissance est issu de la nature environnante de l'homme, à savoir l'existence extérieure à l'homme, sans compter la société (les autres personnes). Notre connaissance expérimentale est issue de nos cinq sens. Dans la connaissance expérimentale, nous profitons des autres sortes de connaissance pour améliorer et élever notre connaissance. Observer, compter pour trouver les fréquences des phénomènes, ordonner et regrouper, séparer les exceptions et finalement déduire, conclure et généraliser, sont les processus les plus importants qui servent à notre connaissance expérimentale.

3- La connaissance intuitionnelle

La connaissance intuitionnelle et gnostique ou mystique est une connaissance interne basée sur l'état mental de l'individu. Elle est le résultat d'une méditation intuitionnelle de l'homme, une révélation que l'individu goûte et, dans certains cas, il ne veut pas ou il ne peut pas en parler. L'outil de cette connaissance, selon les gnostiques, c'est le "cœur", parce que le langage de cette connaissance est avec la langue du cœur et non la langue de la tête. Ce qui veut dire qu'en parler n'est pas possible, il faut seulement le ressentir par soi-même. La science d'aujourd'hui se méfie de cette connaissance, car elle ne correspond pas aux critères scientifiques, mais cette connaissance est tout à fait présente dans la vie des gens, même dans les milieux scientifiques. Arthur Koestler, dans son livre "The Sleepwalkers", en parle brillamment.

4- La connaissance autoritaire
C'est la connaissance imposée par des membres de sociétés comme les élites, les intellectuels, les religieux, en prenant appui sur les croyances et les comportements des gens et par référence au consensus public, à savoir une grande partie de ce qui existe dans la culture et la tradition comme les mythes, les maximes et les sagesses populaires, la morale, la religion, l'athéisme... L'homme, sans cette connaissance, tombe dans l' "anomie", dans le sens durkheimien du terme, et arrive à la situation de "crise", se comporte "maladivement". L'outil de cette connaissance est la "société".

Les axes de connaissances
Nous constatons que ces quatre connaissances peuvent se regrouper en deux catégories, et si nous mettons ces quatre sortes de connaissances, deux à deux, regroupées sur base de la même nature, sur deux axes différents, nous obtenons deux spectres possédant deux natures différentes:

A- l'axe de connaissance généralisation
C'est l'axe du monde macro, l'axe correspondant aux connaissances ayant le pouvoir d'être généralisatrices. Ces connaissances ont plus la possibilité que d'autres d'être acceptées par davantage de gens. À une extrémité de cet axe se trouve la connaissance logique; à l'autre extrémité, se situe la connaissance expérimentale. Ces deux pôles ne sont nullement

en opposition l'un par rapport à l'autre; ils sont au contraire complémentaires.

B- l'axe de connaissance spécification

Ceci est l'axe du monde micro et cette connaissance, par rapport aux deux autres, est plus spécifique. Au bout de cet axe, se trouve la connaissance intuitionnelle; à l'autre bout, la connaissance autoritaire. Leur point commun, c'est qu'elles ont la particularité d'être moins universelles que les deux autres connaissances.

Comme nous savons, la généralisation signifie réunir sous un seul concept des objets singuliers auxquels on reconnaît des caractères communs. Cela c'est ce que la science expérimentale et la raison font. La "spécification" trouve son sens par rapport à cette définition. La spécification, c'est donner la particularité aux phénomènes, ayant parfois l'universalité même, pour qu'ils deviennent personnels et culturels. A titre d'exemple, pour les phénomènes spécificités, ce sont les arts, les coutumes, les traditions, les fête locales. On peut dire que l'axe de connaissance généralisation contient les connaissances qui ont moins besoin d'interprétation tandis que l'axe de connaissance spécification est plutôt un axe où l'interprétation a une place importante. Un bon exemple est celui que nous offre Mohammad Ja'far Mossaffa quand il dit la façon de marcher de quelqu'un qui marche droit, courbé, vite, lentement, à grand pas ou à petits pas: c'est mon observation de la façon de marcher de cet homme. Mais si je vois dans sa façon de marcher qu'il est quelqu'un de posé, de léger, de modeste ou d'arrogant, de bonne famille ou vulgaire et voyou, etc..., à ce moment-là, j'ai interprété sa façon de marcher. Cette interprétation est basée sur l'axe de spécification. Autrement dit, une grande partie de ce que nous avons appris ou que nous apprenons à nos enfants, ce sont " des interprétations de la réalité ". Il est évident que nous n'avons pas de choix non plus, car si dans notre éducation, nous n'utilisons pas l'interprétation de la réalité pour l'apprendre à nos enfants, alors nous aurons des adultes qui possèdent une pensée crue et morcelée de la réalité. C'est avec l'interprétation que les hommes peuvent aller au-delà de la simple réalité et arriver à l'imagination.

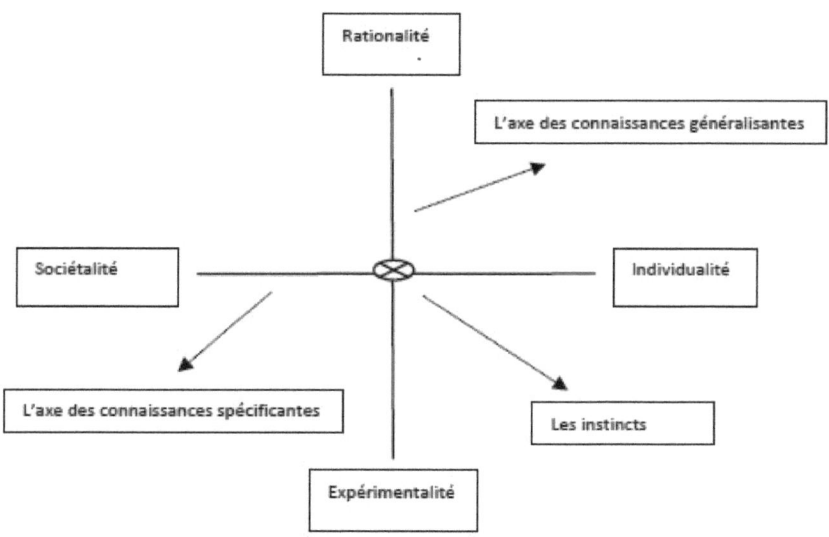

C'est dans l'axe spécification que l'identité individuelle et collective se crée. Les valeurs sociales apparaissent. Ce sont ces valeurs qui font la différence entre les membres de la micro société dans la macro société, et, à un autre niveau, les différences entre les macros sociétés. La généralisation est basée sur l'observation (l'expérience) et le raisonnement (l'argumentation), mais la spécification est basée sur le désir (intuition) et l'autorité (consensus). Dans la généralisation on peut discuter et raisonner, mais, dans la spécification, il faut sentir ou accepter obligatoirement, et c'est seulement après l'acceptation qu'on peut argumenter.

La rationalité tient compte de la forme et de l'apparence des raisonnements: c'est la logique formelle. D'autre part, là où la sociétalité est active, c'est là où elle est fondée sur l'autorité. Lorsque le pôle rationalité rejoint le pôle sociétalité, cela engendre un courant " formaliste " et " fondamentaliste ". Là où l'individualité, basée sur le principe de la volonté et de la tendance émotionnelle, rejoint le pôle rationalité, cela donne l'introvertisme, où l'interprétation est fortement présente. L'introvertisme est une variable dépendante de la rationalité. L'expérimentalité, basée sur les informations issues de l'extérieur et qui n'a pas besoin de l'interprétation individuelle donne au contraire lieu à l'extravertisme, qui est une variable indépendante. Si elle se tourne vers l'intérieur, elle est alors relativiste, car elle ne possède aucun principe *apriori*. Elle forme alors le courant relativiste.

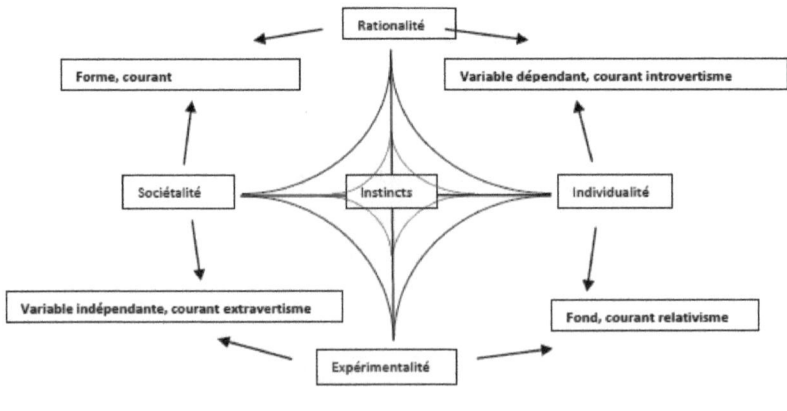

Dans ce losange, plus on s'éloigne du centre vers les côtés, plus nous allons des éléments normatifs plus flexibles et naturels vers les éléments normatifs plus durs et plus artificiels. Sur la crête de chaque côté, nous trouvons les éléments les plus durs et artificiels. J'entends par artificiel ce qui est contraire à la nature de l'homme, ce qui a été inventé et créé par les définitions et les principes *a priori*. J'entends par dureté la résistance que l'homme exerce pour les maintenir. Il fait en effet tout pour garder ces éléments normatifs qui constituent l'institution symbolique qui le constitue et le détermine.

Nous pouvons donc attribuer à chaque courant un degré plus ou moins grand de naturalité ou d'artificialité. Dans la figure précédente, les lignes en pointillés nous montrent ce regroupement. Le petit losange, plus proche du centre, est le losange des connaissances d'un degré plus naturel, contrairement au losange qui l'entoure, plus éloigné du centre, caractérisant la connaissance plus artificielle.

Du temps

Les instincts, au fil du temps, tout en conservant leur existence propre, vont être l'objet de changements selon les quatre côtés. Quatre types de connaissances se développent et évoluent dans le temps. Les acquis de l'homme sont en effet le fruit d'une longue évolution, un devenir historique, comme on peut le voir sur les figures suivantes.

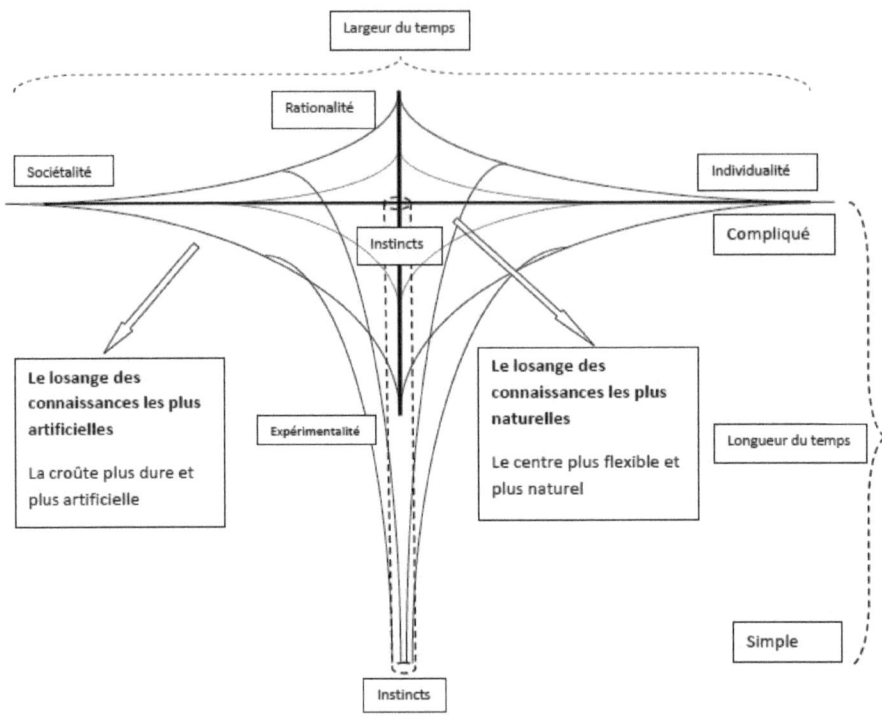

Dans l'évolution chronologique, plus on monte, plus la robustesse (développement et complexité) et le raffinement (exactitude et précision) de la connaissance augmentent. En d'autres termes, d'une connaissance plus élémentaire, on arrive à une connaissance plus complexe. Des éléments limités, universels, volumineux, opaques, ambigus et encombrants pour la vie de tous les jours, on arrive à des éléments nombreux, détaillés, précis, spécifiques, transparents, clairs et moins encombrants pour la vie, c'est-à-dire libérateurs. En d'autres termes de la concentration – à savoir l'universalité dans les réponses aux problèmes humains - et la généralité, on monte vers la dilution – c'est-à-dire l'imprécision dans les réponses aux problèmes humains - et les détails. L'itinéraire de la connaissance commence ainsi par peu d'éléments volumineux ayant, entre eux, des relations très limitées et simples pour aller vers des éléments nombreux, complexes et étendus avec de très nombreuses relations.

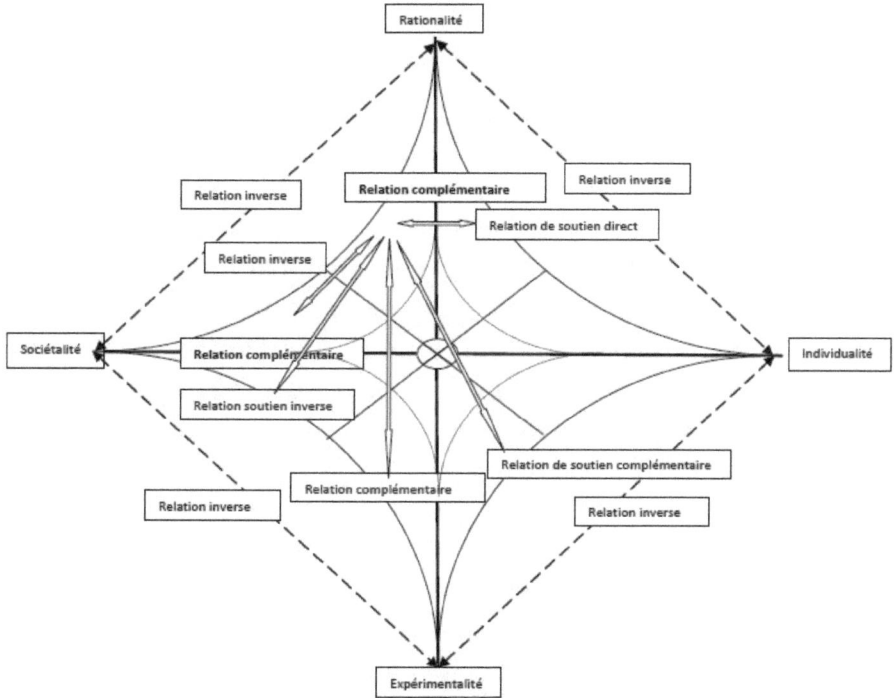

Aux quatre sommets du losange des connaissances, se placent les sources de chaque connaissance. Nous avons constaté dans les figures précédentes, que ce losange se divise en quatre zones. On peut imaginer aussi une graduation infinie pour chaque côté du losange, le lien entre deux sommets.

Chaque côté à son tour est considéré comme un spectre aussi. Ici pour simplifier ce travail, j'ai choisi seulement le milieu de chaque côté, chaque spectre. Ainsi j'ai divisé chaque côté en deux parties. Chaque zone se divise alors en deux parties aussi et nous obtenons ainsi huit zones. Le point commun entre toutes ces zones est le point central.

Ces connaissances, comme on peut le constater dans le figure suivante sont en relation: soit une relation complémentaire ou bien une relation inverse. Le point important qu'il faut ne pas oublier c'est qu'en aucun moment ces quatre connaissances sont dans une relation contradictoire. Elles ne sont jamais en contradiction, car ces connaissances sont de natures différentes et donc, leur domaine de fonctionnement est différent. Dès lors, elles ne peuvent être en contradiction. D'autre part, si une de ces connaissances est en contradiction avec une autre, cela signifie que l'une d'entre d'elles doit s'absenter totalement et alors, l'individu ou la société tombent dans l'anomie ou absence de normes et de valeurs. Alors il y a là une situation de crise qui n'est pas la situation normale des individus et des sociétés. La figure suivante nous montre toutes ces relations…

Chaque sommet représente une des quatre connaissances et est en relation avec les trois autres sommets. Chaque connaissance est sur le même spectre avec l'autre connaissance qui se trouve en face d'elle. Chaque connaissance a une relation inverse avec les deux autres connaissances qui se trouvent à côté d'elle sur un autre spectre. Relation complémentaire signifie que ces deux connaissances font partie du même groupe, généralisant ou spécifiant. La relation complémentaire est une relation fondamentale et complexe.

La relation inverse signifie que ces deux connaissances ne font pas partie du même groupe, généralisant ou spécifiant. Leur relation est telle qu'à chaque fois que l'une des deux connaissances prend le dessus, l'autre va vers le dessous. En effet quand la connaissance sociétalité ou bien la connaissance autoritaire monte, les connaissances rationalité et expérimentalité descendent. Cela ne veut pas dire que ces deux connaissances en sont dans une relation contradictoire; elles sont dans une relation inversée, c'est-à-dire que toutes les deux peuvent exister en même temps, mais elles fonctionnent dans le sens inverse, l'une par rapport à l'autre.

Dans les huit zones, on peut comprendre que chaque zone a une relation de soutien avec une zone coaxiale (qui se trouve sur le même axe) et une relation inverse avec une zone concourante (qui se trouve sur le même côté de losange). Chaque zone a une relation complémentaire avec la zone d'en face. Le point très important, c'est <u>la continuité naturelle et évidente</u> d'une zone à une autre zone complémentaire. Deux zones qui ont le même côté sont inverses, d'orientation différente, et leur objectifs ne sont pas les mêmes. Deux zones qui se trouvent sur le même axe (co-axe) sont dans la même orientation et ont les mêmes objectifs, c'est pourquoi elles sont complémentaires l'une pour l'autre. Sur base de ce que l'on vient de voir, la rationalité et l'expérimentalité sont complémentaires; l'individualité et la sociétalité sont complémentaires l'une pour l'autre. La rationalité avec l'individualité et l'expérimentalité a une relation inverse, mais il est tout à fait possible qu'elle se combine avec ces deux autres zones. Dans ce sens alors, nous avons une combinaison du raisonnement rationnel basé sur les croyances sociétales. Par exemple, n'importe quel courant fondamentaliste est issu d'une combinaison entre des arguments rationnels et des consensus sociaux. Nous avons vu que la rationalité est en relation inverse avec le consensus, alors dans un cas comme celui-ci, ce que nous obtenons de la relation entre la raison et le social, ce n'est plus ni rationnel ni sociétal, mais cette combinaison profite par la même occasion des raisonnements rationnels et de l'autorité sociale. Dans le domaine fondamentaliste, quand la raison prend le dessus, l'autorité diminue. Un exemple s'avère nécessaire: dans la zone fondamentalisme rationnel, c'est-à-dire là où la raisonnement rationnel est basé sur l'autorité, le dogmatisme est le meilleure exemple. Ici, la raison fonde la base du raisonnement et pour finir par des dogmes qui deviennent des exemples de comportement et de croyance des gens. Ces principes rationnels vont être portés par le soutien collectif. Mais dans la zone voisine, c'est-à-dire la zone du fondamentalisme autoritaire, où ces raisonnements sont du type autoritaire, basés sur la raison, les discours populistes se créent. Ces discours sont basés sur les coutumes de la société. Ce qu'il faut savoir, c'est que <u>le modèle parfait de la connaissance</u> nous montre que seules les pensées qui tiennent leurs relations en équilibre et en harmonie avec les autres connaissances, peuvent être la connaissance la plus complète. Il faut savoir qu'il existe quatre types de fondement argumentaire qui aboutissent à la connaissance:

1- Les connaissances mono-factorielles

C'est l'argument le plus abstrait. Il se base sur lui-même et il devient indéfendable. À chaque sommet du losange des connaissances, il y a une connaissance mono-factorielle: au sommet de la rationalité, il y a la logique formelle; au sommet de la sociétalité, il y a le socialisme absolu; au sommet de l'expérimentalité, il y a le déductionisme; au sommet de l'individualité, il y a l'anarchisme. Il est évident qu'une tendance comme "la logique formelle, le socialisme absolu, le déductionisme et l'anarchisme", non seulement n'existe pas dans la réalité, mais ne peut pas non plus exister. Ces diverses tendances n'existent que comme constructions conceptuelles et complémentaire.

2- Les connaissances bi-factorielles
Cette connaissance fait avancer ses arguments en utilisant deux facteurs:

A- Deux facteurs d'une relation complémentaire: dans ce cas la connaissance est soit dans le domaine généralisant soit dans le domaine spécifiant. Dans les deux cas, le discours est incomplet;
B- Deux facteurs d'une relation inverse: dans ce cas la connaissance est soit dans les domaines extravertisme-introvertisme ou bien dans les domaines fondamentalisme-relativisme.

3- Les connaissances basées sur les raisonnements communs aux quatre courants
Cette connaissance provient de la combinaison de deux zones et il y a quatre possibilités:

A- Fondamentalisme, issu de la combinaison de la raison et de l'autorité;
B- Introvertisme, combinaison de la raison et de l'intuition;

C- Relativisme, où se rejoignent l'intuition et l'expérience;
D- Extravertisme, qui utilise l'expérience et l'autorité.

4- Les connaissances quarto-factorielles

Cette connaissance est la connaissance la plus complète, car elle utilise les quatre facteurs pour élaborer ses idées. Ceci est très difficile à atteindre mais dans la pratique, elle se construit par les acteurs en combinant différentes idées provenant de toutes horizons. Ainsi chaque acteur crée sa propre idéologie combinée.

Nous avons vu les bases théoriques du modèle ou losange de la connaissance. Dans le chapitre suivant, nous allons voir son application et son utilisation chez les acteurs sociaux dans leur action.

Modèle de la connaissance en pratique

Nous avons vu que l'action de l'homme est basée sur la connaissance. Nous avons vu également que l'homme ne réalise pas une action dans l'ignorance. Si nous acceptons ces deux affirmations, en nous tournant vers le losange de la connaissance, nous allons voir que <u>l'humain, en créant différentes idéologies dans différentes zones de connaissances, essaie de se préparer à passer de la pensée à l'action</u> L'idéologie aide l'homme pour qu'il puisse donner une cohérence interne et logique à ses propres attitudes.

Comme nous l'avons constaté, le losange de la connaissance se divise en huit zones de connaissances. Bien que ces 8 zones puissent devenir 16 zones, comme je l'expliquerai par la suite, nous nous concentrons pour le moment sur huit zones de connaissance. Il faut savoir que les individus s'avancent vers la méthode du raisonnement pour concrétiser leur connaissance, et dès lors, passer plus facilement à l'acte. En d'autres termes, le raisonnement est le point de départ de l'action et la façon de raisonner est le processus de la connaissance et de l'idéologie qu'on utilise. La façon de raisonner est le point théorique de départ de l'action: c'est l'image en nous de ce que nous voulons faire avant de le réaliser. Ainsi les courants de connaissance sur base du raisonnement sont composés de quatre grandes catégories: la catégorie du courant fondamentaliste vis-à-vis du courant relativisme et la catégorie du courant introvertisme vis-à-vis du courant extrovertisme.

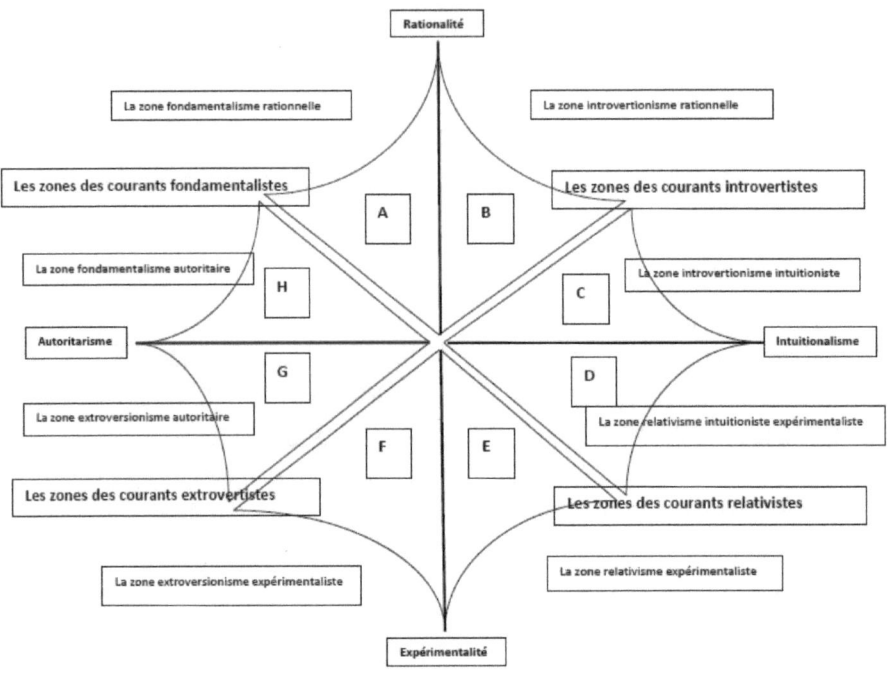

Les zones des courants introvertistes (les zones B et C) sont les zones où la source des raisonnements provient de l'intérieur de l'homme, c'est-à-dire la raison et l'intuition. Dans ces zones, les intentions, les tendances, les espoirs, etc... de l'homme, qu'ils soient fondés sur une logique ou pas, sont les moteurs de l'action. On suppose qu'ici ni l'intuition ni la logique n'ont pas été influencées de l'extérieur. Dans la pratique, ce n'est bien évidemment pas ainsi.

En face de ces zones se trouvent les zones des courants extravertisme (les zones G et F), constituées à partir de la société et de l'expérience, facteurs externes à l'humain, lesque ne sont pas à la disposition de l'individu et qu'il ne contrôle donc pas directement. Dans la pratique et à la longue, l'homme peut cependant les influencer.

De l'autre côté, on peut trouver les zones des courant fondamentalistes (les zones A et H). Ces zones sont fondées sur les principes et les raisonnements exacts, inflexibles et indiscutables de la raison et de la société. En face de ces zones se trouvent celles des courants relativisme (les zones D et E) qui sont basées sur les intuitions volantes et les expériences par essais et erreurs. Dans ces courants, les principes inchangeables ne sont pas nombreux. Il faut prendre chaque chose avec ses intuitions et les examiner expérimentalement. En fait pour arriver aux principes inchangeables, il faut beaucoup de temps et beaucoup de tests et vérifications dans différents domaines, et parfois on n'y arrivera pas. C'est pourquoi, dans ces zones, on expose ses principes de manière conditionnelle et conventionnelle.

En comprenant ces courants, nous verrons les macro-zones de la connaissance sur base de la méthode du raisonnement. Cette méthode du raisonnement est en fait la base idéologique de l'action sociale. Nous distinguons quatre macro-zones où, dans chacune de ces zones, une connaissance fondamentale constitue le fondement du raisonnement de cette macro-zone. Les autres connaissances s'orientent par rapport à cette connaissance fondamentale.

A- Macro-zone de la rationalité
B- Macro-zone de l'individualité
C- Macro-zone de l'expérimentalité
D- Macro-zone de la sociétalité

Au sommet de chacune de ces quatre macro-zones, se situe une idéologie avec des raisonnements mono-factoriels. Comme je l'ai déjà dit, chaque sorte de connaissance est en rapport avec d'autres sortes de connaissances. Une connaissance absolue ne se trouve donc que dans les définitions et les raisonnements mono-factoriels; cela n'existe cependant pas dans la vie pratique, et cela ne peut pas exister.

Ceci étant dit, nous avons alors quatre types de raisonnement mono-factoriel, douze types de raisonnement bi-factoriel, quatre types d'argument commun. Ces vingt types de raisonnements aboutissent aux vingt types représentants de la pensée humaine; ce sont en fait les idéologies qui guident les actions humaines. Il est évident que ce que je présente ici comme les représentants de la pensée humaine ne sont que les exemples flagrants de chaque raisonnement qui m'a semblé représentatif. Le lecteur peut éventuellement trouver des exemples mieux adaptés aux définitions de chaque zone.

Pour trouver la place d'une idéologie dans le losange des connaissances, il faut d'abord trouver le courant principal de cette idéologie et en déterminer le genre (courant fondamentaliste, relativiste, introvertiste ou finalement extravertiste). Il faut ensuite trouver son penchant vers l'axe pour trouver sa macro-zone et déterminer sa micro-zone. En précisant ses penchants, on pourra préciser sa place dans la micro-zone. Le marxisme, par exemple, se situe dans le courant fondamentalisme parce que le marxisme possède des principes et des dogmes tels que la dialectique historique ou le matérialisme dialectique qui ont la prétention de prendre le pouvoir politique (l'État) dans une société. D'ailleurs, le marxisme a pu prendre le pouvoir et institutionnaliser ses dogmes dans certaines sociétés. Il a pu, en d'autres termes, mettre l'État au service de son idéologie. Etant donné que le marxisme est plus penché vers le raisonnement rationnel que vers les raisonnements sociétaux, il se place en zone A, c'est-à-dire qu'il est dogmatique. Et comme le marxisme reconnaît la nature humaine, la trouve même très normale et ne la nie pas, le marxisme se place plus vers le centre du losange plutôt que vers la pointe extrême. D'autre part, vu qu'il se base sur des acquis scientifiques de son temps et qu'il se prétend être un résultat de la science empirique, il est dès lors plus proche de l'axe rationalité – expérimentalité et s'éloigne du sophisme. Dans le figure suivante nous pouvons voir sa place:

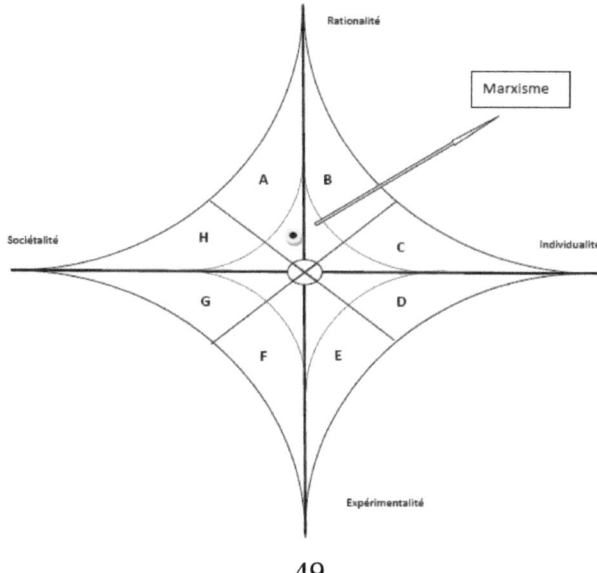

L'itinéraire du marxisme s'effectue de la manière suivante: de la zone A, il va vers la zone F qui est sa zone complémentaire, et en s'appuyant sur sa zone de soutien B qui est sa zone de co-axe contre sa zone de soutien inverse G. La zone E est la zone de soutien de la zone F. Ses idéologies comme les idéologies des zones F et B viennent à l'aide de la zone A. Cela veut dire que l'idéologie et les discours marxistes qui font partie des discours et des idéologies de la zone A profitent du soutien des discours des zones B et F. Ces zones vont être clarifiées de plus en plus dans les pages qui viennent.

A- Les raisonnements mono-factoriels

Ce sont des arguments qui proviennent d'un seul facteur. Un tel type de raisonnement dans la pratique est incomplet, mais est utile pour les travaux théoriques et la théorisation. Il existe quatre types de raisonnement mono-factoriel.

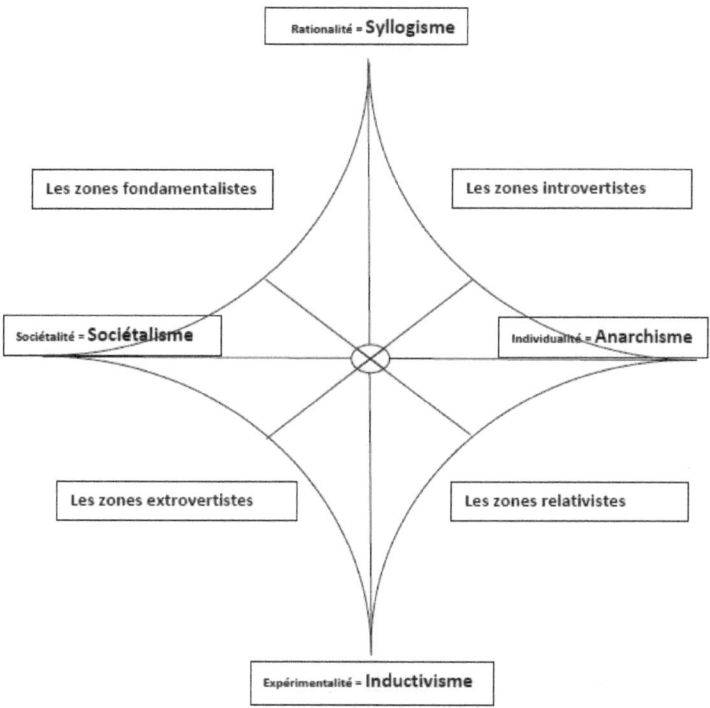

A1- Au sommet de la rationalité (zones A et B): le syllogisme

La raison et les méthodes logiques et rationnelles constituent avec les trois autres sources, intuition, expérience et société, une macro-zone qu'on va appeler la macro-zone de rationalité. J'entends par la rationalité ce qui est formellement logique. Ce que la raison doit respecter pour ne pas tomber dans l'erreur. Le syllogisme n'est pas le seul fonctionnement purement logique et rationnel, il y aussi l'abstraction, la comparaison et la déduction, la conjonction et la disjonction, (syllogisme conjonctif et disjonctif) etc. Syllogiser est un raisonnement qui commence par la majeure (il contient l'attribut), ensuite la mineure (elle contient le sujet) et arrive enfin la conclusion ou la conséquence. Ceci est l'inverse de l'induction qui analyse des particuliers, des effets, des conséquences à la cause, au principe et au général. Le syllogisme ne nous offre pas de nouveaux savoirs, c'est pourquoi c'est une opération uniquement analytique, tandis que l'induction aboutit à de nouveaux savoirs. Le logicisme, c'est transformer toutes les théories mathématiques en discours logique. C'est du réductionnisme en général et du positivisme logique en particulier. Par exemple, l'organicisme est une sorte de réductionnisme et ne pas accepter les discours métaphysiques dans une analyse sociologique est une sorte de positivisme logique.

A2- Au sommet de l'individualité (zones C et D): l'anarchisme

Les zones C et D constituent les zones d'individualité qui sont couronnées par l'anarchisme. L'anarchisme est l'ensemble des théories et des pratiques qui sont anti-autorités, anti-États et anti-ordres sociaux. Cette idéologie n'accepte aucune limite pour l'individu, que ce soit via l'État ou via des institutions sociales. Son but est d'arriver à une société sans classe, distinction et domination pour que les gens puissent librement participer à l'autogestion de leur société. C'est ainsi que l'anarchisme est en opposition au totalitarisme, au communisme ainsi qu'au capitalisme et à l'impérialisme. Il est également contre de centralisme. L'anarchisme est en accord avec le système socialiste: il ne désire pas arriver au pouvoir politique. Dans l'anarchisme, tous les États du monde démolissent la dignité humaine et empêchent son développement. Le syndicalisme est un héritage de la pensée anarchiste des 18ème et du 19ème siècle qui croyaient pouvoir éliminer physiquement les leaders militaires et politiques. Aujourd'hui encore, il existe des organisations terroristes anarchistes.

A3- Au sommet de l'expérimentalité (zones E et F): l'inductivisme

À l'opposé de la rationalité, et sur l'axe, se trouve la zone d'expérimentalité. L'inductivisme est avant tout une réflexion philosophique fondé par David Hume. Selon lui, la science pour arriver à connaître son objet d'étude a besoin d'utiliser la méthode inductive basée sur l'observation empirique. Une telle idée a d'ailleurs donné naissance aux autres sciences telles que la statistique, la probabilité et l'échantillonnage. Toutes ces branches scientifiques s'appuient sur la fréquence des résultats des observations. Il est évident que la précision des conclusions dépend de la précision de la récolte des données. Si les données ne sont pas correctes, les conclusions ne le seront pas non plus. Comme dans le syllogisme, si la majeure et la mineure ne sont pas correctes, la conséquence ne le sera pas non plus. Pour certains penseurs, comme Karl Popper, malgré des observations issues du recensement, nous ne pouvons toujours pas généraliser scientifiquement notre conclusion, car nous n'observons pas le futur pour prédire que les observations à venir nous confirmeront la conclusion d'aujourd'hui.

A4- Au sommet de la sociétalité (zones G et H): le sociétalisme

La sociétalité se trouve en face de l'individualité et le sociétalisme peut être un des bons représentants idéologiques de cette zone. Le sociétalisme signifie l'acceptation totale et absolue de tout ce qui est issu de la société tel que les traditions, les coutumes, les normes, les institutions, en un mot la culture spirituelle et matérielle de la société. Il est évident qu'on peut envisager un peu de changement, dû à la nécessité du temps, mais pas beaucoup. Ici la raison collective et l'objectivité collective sont soutenues par l'autorité collective.

Bien qu'en apparence l'existence d'une telle tendance chez les gens semble très étrange et improbable, il faut savoir qu'aucune société ne peut exister sans le sociétalisme. Les symboles se trouvent dans cette zone. L'homme et l'humanité ne peuvent survivre sans les symboles. Un des symboles les plus courants pour la vie sociale est le langage. La culture est un ensemble de symboles.

B- Les raisonnements bi-factoriels

Les raisonnements bi-factoriels sont le type de raisonnements les plus fréquents et sont au nombre de douze. Basé sur deux facteurs, ces raisonnements passent parfaitement à la pratique et l'histoire de la pensée humaine en est remplie.

B1- Zone Rationalité (les zones A et B): côté Raison–Autorité: le dogmatisme

Dans la zone du fondamentalisme rationnel, là où le raisonnement rationnel crée l'autorité, c'est-à-dire là où la raison fonde la pensée et que l'autorité sociale la soutient, le dogmatisme est son meilleur représentant. Ici l'autorité est rationnelle. Le dogmatisme croit à une connaissance exacte et certaine, et c'est pourquoi il n'est en accord ni avec le scepticisme ni avec l'opportunisme. Il est aussi contre le sophisme. Autrement dit, le dogmatisme exprime sa pensée avec le soutien de l'autorité dont il dispose et sans qu'il laisse la moindre probabilité d'arguments incorrects. Kant utilisait ce mot contre le criticisme. Pour Kant, le dogmatisme ne supportait pas le relativisme métaphysicien. Pour Auguste Comte, le dogmatisme appartient à la période théologique; en passant à la période positiviste, il s'est éliminé. Dans la politique, les dogmatiques sont les politiciens qui, sans tenir compte, des changements politiques, économiques ou sociaux, se réfèrent tout le temps aux principes de leur parti politique. Dans l'histoire du parti communiste, après le mouvement du révisionnisme, les dogmatistes communistes, considérant ces mouvements comme un déviationnisme de droite, prenaient parti pour un doctrinarisme ou déviationnisme de gauche. Dans le dogmatisme, les élites, les experts, les référents etc. sont très importants et les responsables de la société font tout leur possible pour avoir leur soutien. Le peuple et l'homme de la rue n'ont rien d'autre à faire que suivre les dogmes et leurs définitions.

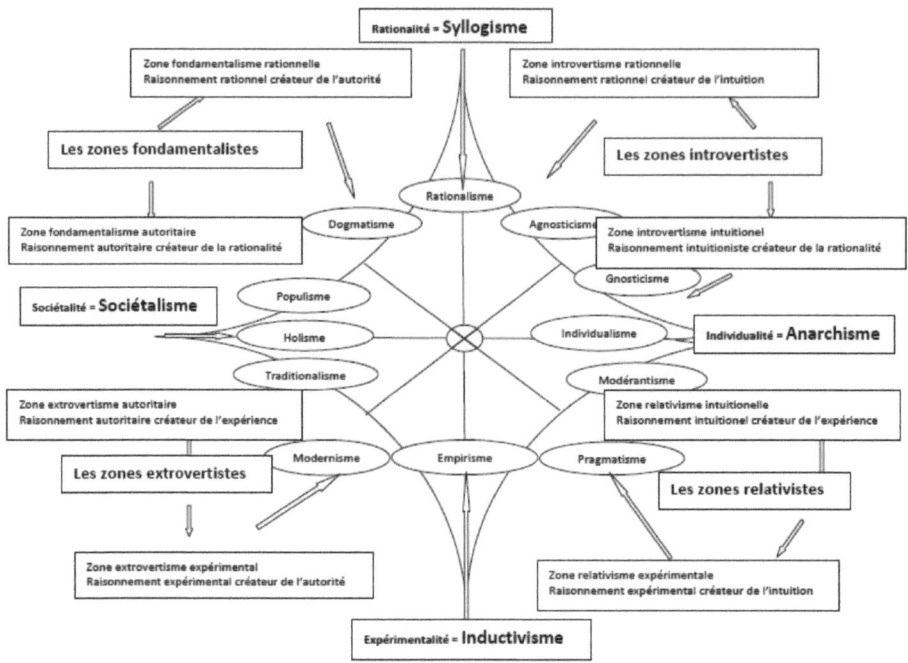

B2- Zone Rationalité (les zones A et B): côté Raison–Expérience: le rationalisme

Ici, le raisonnement rationnel crée l'expérience. C'est-à-dire que la raison trace d'abord ce que l'expérience doit faire, ensuite en allant vers l'expérience, essaie de reproduire au mieux les principes qu'elle avait posés au début. La théorisation dans la science est un exemple. La mathématique est un très bon exemple. Les principes de mathématique n'existent pas dans la nature; ce sont seulement des théorèmes afin de faire progresser le raisonnement rationnel.

L'expérience est au service de la raison; les simples données doivent être traitées avec la raison pour qu'elles nous donnent du sens et de la signification. C'est la raison qui reconstruit à nouveau les observations et en tire les significations utiles. Autrement dit, c'est la raison qui les rend signifiantes.

Le rationalisme reconnaît la connaissance intuitive, traditionnelle ou même théologique et les révélations divines, à condition qu'on puisse leur trouver une explication intelligible et causale qui s'accorde à la raison.

Le rationalisme est opposé à l'utilitarisme et à l'hédonisme. Le rationalisme est un outil de valorisation tandis que le logicisme est seulement un outil pour distinguer le vrai du faux.

B3- Zone Rationalité (les zones A et B): côté Raison-Intuition: l'agnosticisme

L'agnosticisme concerne une idéologie qui ne traite pas des domaines en dehors de l'expérience et des observations. C'est une optique avec les raisonnements rationnels sur la disqualification de l'homme à comprendre et à savoir certains discours tels que la métaphysique et la théologie, l'existence ou l'inexistence de Dieu. Dans cette pensée il n'y a pas de dogme; elle diffère de l'antithéisme, de l'athéisme, du déisme, du scepticisme et de l'apathéisme. Il y a des agnostiques qui disent qu'il faut attendre le progrès de la science pour arriver à répondre à certaines questions; il y en a d'autres qui disent qu'on n'arrivera pas à répondre à certains questions parce qu'elles dépassent les possibilités de l'entendement.

B4- Zone Individualité (les zones C et D): côté Intuition-Raison: le gnosticisme

Ici le raisonnement est intuitionnel et il tire profit de l'aide de la rationalité. Le gnosticisme me semble un bon exemple pour ce groupe d'idéologie. Le gnosticisme est une catégorie d'écoles de philosophie et de théologie qui existaient, depuis le premier siècle ou même avant, en Mésopotamie, en Egypte, en Palestine et en Syrie. Le point commun de toutes ces écoles de pensées consiste à prétendre à une certaine connaissance intérieure et métaphysique qu'on appelle gnosticisme. Une grande partie de ces écoles sont d'obédience chrétienne, mais il existe aussi des gnostiques juifs, musulmans et manichéens. On peut citer quatre particularités de gnosticisme:

A- Le dualisme dans la création. Selon les gnostiques, ce monde est en effet un monde du mal, de la maladie, de l'injustice, de la tyrannie et du besoin, lequel monde ne peut pas avoir été créé par un dieu bon. Il faut donc qu'existent un bon et un mauvais dieu: un dieu de la lumière et un dieu de l'obscurité. L'homme est le résultat de la combinaison de la lumière et de l'obscurité. L'homme ayant oublié son origine liée aussi à une divinité bonne, il erre et est perdu dans ce monde. Mais il peut, en se retournant vers sa connaissance, grâce à la méditation et l'inspiration, retrouver son origine. Le gnostique dit " être de ce monde, sans être de ce monde ";

B- L'dée de devoir sauver l'homme vient du fait que le principe est la dualité. Comme l'homme est emprisonné dans ce monde, le sujet de la fin de l'homme est évoqué et on demande s'il va un jour être sauvé. Le salut pour les gnostiques, c'est un salut métaphysique et spirituel, et c'est en faisant des prières qu'on peut y arriver. Pour certaines sectes gnostiques, abandonner le monde et vivre en retraite est une autre possibilité;

C- Le scepticisme aussi vient du fait que ce monde est le règne du mal. Il faut alors l'éviter et se méfier de lui. Il faut, pour certains gnostiques, se priver des bonnes choses charnelles de la vie, comme se marier, manger de la viande, etc...;

D- Le Créateur est le père, la lumière absolue et l'origine de l'existence. Les caractéristiques de ce père ne sont pas très claires, mais nous savons que ses créatures sont presque parfaites, et si ces créatures sont à son image, alors il est partout dans ce monde présent, d'où l'idée de panthéisme. Dans le panthéisme, chaque chose de ce monde est un représentant du Créateur.

Le gnosticisme est à l'opposé de l'agnosticisme et du dogmatisme. Il s'éloigne du populisme; en se retirant de la masse, il va vers les sectes et constitue une sorte de sectarisme, pas nécessairement politique. La théosophie et le théosophisme sont nés du gnosticisme.

B5- Zone Individualité (les zones C et D): côté Intuition-Autorité: l'individualisme

Dans l'individualisme, le principe est de donner la préférence aux droits, aux intérêts et aux valeurs individuels par rapport à la société. L'indépendance de l'individu vis-à-vis de la société, la caste, la famille, la tribu, qui impose toutes des règles et des normes à l'individu, est demandée. L'individu s'oppose donc à tous les devoirs que ces diverses structures exigent. Dans la politique, l'individualisme demande une limitation du pouvoir de l'État, du traditionalisme, du despotisme et du totalitarisme. Il s'oppose même au libéralisme sans limite et trop libertin. Pour Alexis de Tocqueville l'individualisme est la conséquence de la démocratie et pour Durkheim c'est le résultat logique de la division du travail dans la société. L'individualisme est différent de l'égoïsme parce que son objectif n'est pas de défendre les intérêts personnels de l'individu, mais les intérêts des individus. Par exemple, devenir membre d'un club volontairement n'est pas en contradiction avec l'individualisme.

B6- Zone Individualité (les zones C et D): côté Intuition–Expérience: le modérantisme

Après la révolution française, le modérantisme était le nom que les gauches d'un parlement qui était pour le terrorisme d'État donnaient aux gens de droite qui étaient contre ce genre de pratique. Le modérantisme signifie ici la clémence, la tolérance, le laisser-aller, qui aboutit en politique et dans la culture à un cohabitation des citoyens, laissant de côté toutes sortes de dogmes et de dogmatismes. Cette cohabitation ne doit pas être basée sur le doute par rapport à ces principes et ses croyances, mais il doit être fondé sur le respect de la liberté et du droit d'autrui. Ceci est le résultat d'une réflexion sur l'histoire de l'humanité qui a appris aux modérés d'accepter la multiculturalité du monde moderne et qu'en faisant la guerre, on n'arrive qu'à la destruction de l'humain. Ce modérantisme est différent de la tolérance ou de la douceur qu'on prêche dans les différentes religions. Dans le modérantisme, il n'y a pas la notion de l'homme total ou l'homme parfait. Il voit l'homme comme il est, avec ses points forts et ses points faibles. Ainsi le modérantisme est humaniste, individualiste, relativiste et sceptique. Il est en contradiction avec le fondamentalisme, car il ne croit pas à la vérité absolue. Selon le modérantisme, la concentration et la centralisation du pouvoir corrompent.

B7- Zone Expérimentalité (les zones E et F): côté Expérience-Intuition: le pragmatisme

Le pragmatisme est un courant philosophique selon lequel ce qui est fonctionnel et qui suscite un résultat concluant est plus important que les autres choses. Cette notion, sans nier la logique, est opposée à la notion de rationalisme cartésien. En effet dans cette pensée, la réflexion tourne autour de ce qui est pratiquement opérationnel et fonctionnel, car seule la fonctionnalité d'un phénomène donne un sens et une signification à phénomène. Dans ce sens, "le pensée" est simplement un outil pour arriver à un résultat et n'a pas d'importance en soi. Ici "les vérités *apriori*" n'existent pas, c'est l'expérience qui manifeste " les vérités ".Contrairement au rationalisme, le pragmatisme est en accord avec l'utilitarisme et l'hédonisme. Dans l'utilitarisme, le bien-être de tout le monde est pris comme le seul critère moral. Selon l'utilitarisme, les actions à réaliser par l'individu sont justes et sont créatrices du bonheur pour l'ensemble de la société. L'hédonisme suppose que le but de la vie est de prendre un maximum de plaisir, matériel ou non.

B8- Zone Expérimentalité (les zones E et F): côté Expérience-Raison: l'empirisme

Le raisonnement expérimental basé sur la raison nous dit que les principaux traits de la pensée doivent être issus des observations expérimentales. Réfléchir de manière rationnelle provient donc des observations effectuées. L'empirisme n'accorde pas d'importance aux principes *apriori* et ne se base que sur les expériences sensorielles pour établir la connaissance. La méthode est dès lors inductive, allant du concret à l'abstrait.

B9- Zone Expérimentalité (les zones E et F): côté Expérience-Autorité: le modernisme

Le modernisme est un ensemble de mouvements culturels qui ont fait bouger les sociétés occidentales depuis la fin de 19ème siècle dans les différents domaines tels que l'architecture, la musique, la littérature, la théologie et la catholicisme etc... Le sommet du modernisme dans l'art se situe aux alentours de la deuxième guerre mondiale. Ensuite, il y aura ce qu'on appelle le post- modernisme. Modernisme signifie profiter des progrès scientifiques et technologiques. Il est évident qu'avec cette idée, il y a des valeurs sociales qui interviennent dans les évolutions et les changements sociaux comme la citoyenneté, la démocratie, le suffrage universel, la liberté d'expression, la liberté de communication, etc...

Dans la modernité, les aspects économiques se mettent en conflit avec les aspects sociaux. Par exemple, dans la modernité, le rendement à court terme est en conflit avec les aspects de la protection de l'environnement, tels qu'éviter la pollution de la nature et le gaspillage de l'énergie.

L'objectif de la modernisation est l'optimisation de la production économique et technologique ainsi que l'augmentation du niveau de vie. C'est ainsi qu'avec la modernisation apparaissent aussi les changements sociaux et psychologique. Dans la modernité, le raisonnement expérimental crée l'autorité, c'est-à-dire que l'autorité est basée sur l'expérience et c'est pour cette raison que les innovations et les changements ont force de loi. La modernité n'accorde pas beaucoup d'importance à l'histoire, sauf là où elle peut apporter une plus-value pour l'innovation et le changement.

B10- Zone Sociétalisme (les zones G et H): côté Autorité– Expérience: le traditionalisme

La tradition est un ensemble de normes, d'institutions, de croyances, de valeurs, de règles, etc... qui, au nom de la continuité nécessaire reliant le passé au présent et au futur, s'imposent à la société. Ainsi le traditionalisme est une vision du monde qui se base sur cette évidence indiscutable de la continuité. Dans le traditionalisme, les coutumes sont la partie la plus rationnelle et la tradition la partie la plus expérimentale. Le traditionalisme est en accord avec le conservatisme, le réactionnisme et l'ethnocentrisme. Il ne désire pas les changements. L'individualisme et internationalisme n'y ont pas leur place. Les innovations sont rarement acceptées et quand elles doivent être acceptées, il essaye de les adapter à ses normes et croyances traditionnelles pour qu'elles soient digérables pour le peuple. Dans les sociétés traditionnelles, le temps et donc le rythme de la vie est très lent et on ne le compare pas avec le rythme de vie d'autres sociétés. Le traditionalisme est opposé au modernisme.

B11- Zone Sociétalisme (les zones G et H): côté Autorité– Intuition: l'holisme

L'holisme considère l'existence dans sa globalité et indépendamment de ses éléments constructeurs. Selon l'holisme, dès que l'on peut comprendre et appréhender un élément, on est en mesure d'étudier la totalité qui l'englobe.

Cette idée est apparue d'abord chez Hegel avec la notion de la totalité et en psychologie dans la théorie de Gestalt selon laquelle la psyché humaine est un tout qui ne peut pas être divisé en divers éléments. Ici, il faut plutôt comprendre cette notion dans le sens anthropologique de Louis Dumont. Pour lui, cette réalité se trouve dans toutes les situations dans lesquelles l'autorité sociale s'impose au nom des valeurs et des ordres de la communauté et où les individus sont effacés vis-à-vis de cette autorité sociale, de cette politique et de cette volonté sacrée. La majorité des sociétés valorisent l'ordre social. Chaque membre s'adapte aux valeurs de la société et celle-ci naît en tant que totalité. Ceci, c'est l'holisme, mais il existe d'autres sociétés où les individus sont prioritaires. Pour ces sociétés, chaque homme est la cristallisation de toute l'humanité. Dans cette optique, une personne est égale aux autres. Ceci c'est l'individualisme. Il faut faire attention au fait que, dans la sociétalisation, l'ordre et l'autorité sociale sont imposés à la société; dans l'holisme, par contre, c'est la culture générale de la société qui est imposée à l'ensemble de population.

B12- Zone Sociétalisme (les zones G et H): côté Autorité-Raison: le populisme

Le populisme est un bon exemple pour le raisonnement autoritaire que crée la raison, à savoir le genre de raisonnement en faveur de l'autorité sociale qui épuise la raison. L'outil le plus important du populisme, c'est la coutume. Celle-ci consiste en l'ensemble des habitudes sociales ou habitudes de croyance que les gens, dans une société, ont acceptées et suivent, sur base d'une raison populaire. La coutume est la partie rationnelle de la tradition et elle tire profit de la crédibilité qu'elle suscite et de la domination morale qu'elle engendre.

La fonctionnalité la plus importante de la coutume, c'est son application dans la législation en tant que loi complémentaire à la jurisprudence et aux lois écrites. Les lois écrites sont les lois instaurées par l'instance juridique tandis que les coutumes sont des lois non écrites par une instance et qui contiennent les contrats et les habitudes respectés par les membres d'une société dans leurs relations sociales et commerciales. Les coutumes sont admises juridiquement dans beaucoup de pays au monde. Par exemple en Angleterre, le système juridique est composé de trois éléments, à savoir: l'équité, les lois et les coutumes.

Dans le populisme, certains groupes, statuts ou classe sociales, à différents niveaux comme l'héritage, le pouvoir, la richesse, le statut, etc... possèdent des niveaux plus élevés que les autres. Le populisme est en accord avec eux et est accompagné par le relationnisme, le théologisme, le système social des castes, l'oligarchie, l'aristocratie, etc... Les élus et les experts, qui ont trouvé leur statut grâce à leur meilleure adaptation aux valeurs et normes sociales, possèdent une place très haute dans la hiérarchie sociale, mais les élites et les intellectuels sont, dans une société populiste, en marge de celle-ci En principe, le populisme n'accepte pas les intellectuels, car, comme n'importe quelle pensée fondamentaliste, il est opposé aux changements. Il est xénophobe et la religion et la patrie sont ses maîtres-mots. Il est aussi opposé à l'individualisme, à l'égalitarisme et au libéralisme.

Il faut bien comprendre que la coutume est à la fois créatrice de religion et créature de la religion. Dans un sens la coutume a priorité sur la religion, car les idées métaphysiques ont vu le jour chez l'homme bien avant l'apparition des mythes et des religions. La religion est la pensée ultérieure qui met en cohérence ces mêmes idées métaphysiques. Mais une fois la religion créée, elle influence et crée à nouveau des coutumes. Il faut entendre par là, que d'une même religion de base, nous pouvons avoir plusieurs autres tendances de cette même religion, qui appartiennent aux différentes sociétés avec leurs différentes coutumes. C'est bien pour cette raison qu'aujourd'hui, il y a différentes lectures de la même religion, car, vu que la coutume est nécessairement et obligatoirement condamnée à être changée, la religion change également. Cela explique l'Islam chiite, l'Islam mystique, l'Islam sunnite, l'Islam révolutionnaire, l'Islam passif, l'Islam agressif,…

C- Les raisonnements communs aux quatre courants

Les raisonnements communs sont les raisonnements correspondant au milieu des deux petites zones. Ce sont les raisonnements inter-zonaux qui aident justement à limiter les bords de chaque zone. Ce genre de connaissances peut s'étaler des deux côtés et s'imprégner d'un des deux côtés plus que de l'autre. Elles ne peuvent cependant pas être sous l'influence des zones plus éloignées En fait, leur milieu d'action n'est que les deux zones voisines. N'oublions pas que dans cet essai, je ne m'occupe que du raisonnement qui se trouve au milieu des deux zones, mais il existe d'autres interfaces parallèles à celui-ci, comme on peut le constater dans la figure suivante:

Comme on peut le voir, quatre sortes de raisonnement idéologique sont à imaginer: sophisme, philosophisme, artisme et scientisme. Si dans le domaine du fondamentalisme, parallèle à l'interface des zones A et H, là où il y a le sophisme, nous dessinons d'autres interfaces parallèles, à ce moment-là, les interfaces du sophisme s'approchent plus du rationalisme, sont plus chargés de rationalisme, et ceux qui s'approchent de l'autorité sont les raisonnements idéologiques sophistes plus chargés de l'autorité.

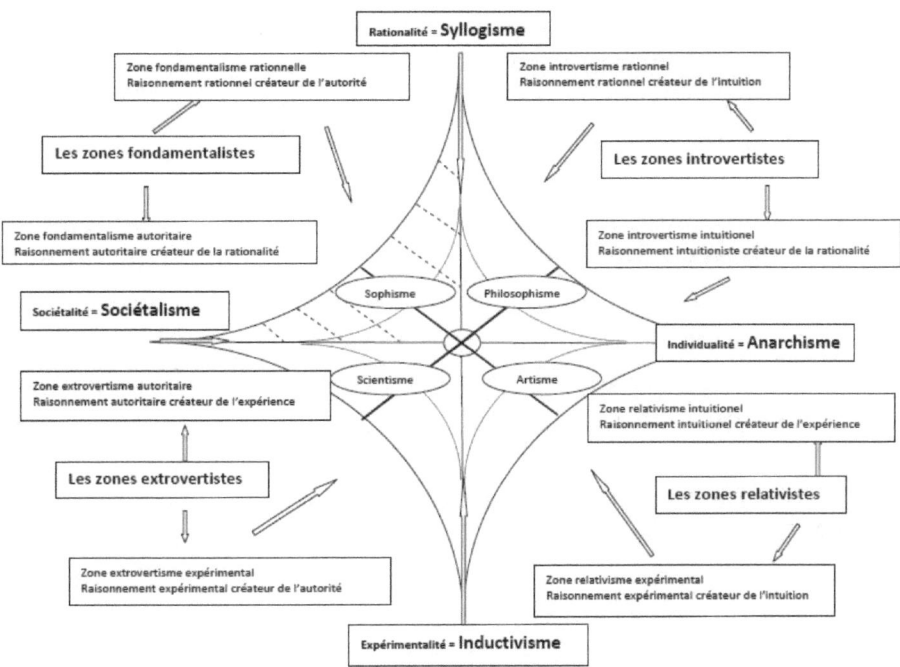

C1- L'interface du domaine fondamentalisme Raison-Autorité: le sophisme

Le sophisme est une sorte de raisonnement qui en apparence est bien logique, mais il n'est ni valide ni vrai. Contrairement au paralogisme, le but dans le sophisme est d'induire l'autre en erreur, en faisant des syllogismes erronés et en profitant de l'enthymème et de la rhétorique, on induit son auditeur en erreur. L'objectif dans le sophisme est en fait de convaincre son auditeur sinon la crédibilité logique et scientifique du raisonnement n'est pas son objectif.

Le sophisme existe depuis longtemps; non seulement il n'a pas quitté l'esprit humain, mais en plus il s'est fait institutionnaliser dans le domaine juridique. En effet, les avocats terminent leurs instructions et leurs études en faisant serment de défendre les intérêts de leur client par n'importe quel moyen. Un tel serment est un serment sophiste, car l'objectif n'est pas de découvrir la réalité, mais d'assurer l'intérêt de son client.

Dans la politique et dans le commerce, les raisonnements sophistes dépassent tout autre type de raisonnement. Plus la politique devient en effet une profession et plus elle s'éloigne des convictions du politique; dans la commerce, plus il y a de produits et plus le marché est ouvert, plus les raisonnements sophistes trouvent des champs où se propager de plus en plus.

C2- L'interface du domaine Introvertisme Raison-Intuition: le philosophisme

La philosophie est un ensemble d'études, de réflexions et de considérations ayant un très grand niveau de généralisation et qui essayent de trouver un ordre dans les connaissances et les savoirs humains. La philosophie est donc une tentative de trouver la vérité des choses, créer des relations entre elles, comprendre les valeurs et les concepts humains et appréhender la pensée humaine. Elle profite de la logique et de la raison en utilisant la science en général. La philosophie est différente de la science qui est basée sur l'expérience; elle est différente aussi de la théologie basée sur la révélation et elle est différente du sophisme qui consiste à convaincre son auditeur. Le résultat de la réflexion philosophique n'est pas expérimentale et n'a pas de vérification expérimentale; elle ne cherche pas à sacraliser ses discours. Elle n'essaye ni de faire accepter ses résultats pour obtenir ou atteindre un objectif ni de convaincre autrui. Pour la philosophie, évoquer des questions et tenter d'y répondre demeurent un objectif final. Le philosophisme signifie dès lors la recherche et l'étude de différents domaines, et ce par rapport à différentes questions au niveau matériel, moral, religieux, etc... avec des précisions, sans être engagé par rapport à telle ou telle tendance quelconque. Le philosophisme s'occupe de différentes théorisations afin de trouver des nouvelles approches de la connaissance du monde. Du point de vue méthodologique, c'est une approche utile, mais dans les cas extrêmes, surtout dans les sciences humaines -et particulièrement en psychologie-, le philosophisme devient un simple bavardage sans aucune utilité.

C3- L'interface du domaine Relativisme Intuition - Expérience: l'artisme

L'artisme est basé sur la théorie de " l'art pour l'art " qui est une des conséquences du modernisme occidental du 19ème siècle. Cette théorie, en réalité, remonte au 18ème siècle et s'enracine dans la pensée de Kant: la raison théorique pour connaître les choses; la raison pratique afin de comprendre les principes moraux et la faculté de juger afin de distinguer la beauté et ressentir du plaisir en rencontrant des choses belles. Réfléchir pour Kant est une activité humaine qui se passe aussi bien dans la raison pratique que dans la raison théorique. Les critères pour juger d'une chose belle ne dépendent par contre ni de la raison théorique ni de la raison pratique. Nous ne pouvons donc pas dire qu'une œuvre artistique est belle parce que, raisonnablement, c'est beau. Ou bien que ce soit beau parce que tout le monde le dit. Ou que ce n'est pas beau parce que celui qui est notre référence dit que ça ne l'est pas. Kant est ainsi quelque part fondateur de la théorie de l'art pour l'art. En 1818 Victor Cousin dans son cours "*Sur le fondement des idées absolues du vrai, du beau et du bien*" a utilisé cette expression. En 1834, le critique Sainte-Beuve désigne un groupe de jeunes fondateurs de la revue *Le Globe*, l'école de l'art pour l'art. À la deuxième moitié du 19ème siècle le mouvement parnassien a vu le jour.

Au 20ème siècle avec l'école du formalisme, la théorie de l'art pour l'art est à nouveau apparue. Rapidement, les penseurs de gauche et les existentialistes l'ont critiquée et attaquée. L'art pour l'art est en fait une réaction au romantisme littéraire et artistique, et ce romantisme est à son tour une réaction au scientisme et positivisme des 17ème et 18ème siècles. Les partisans de l'école de l'art pour l'art voulaient, en utilisant le langage artistique, présenter la face émotionnelle et sentimentale de l'espèce humaine par rapport à la rigueur des scientistes. Pour eux, l'art est un moyen d'expression des envies et des rêves de l'être humain. L'art pour l'art est dès lors devenu un courant porté vers la création simple de l'œuvre artistique en soi. Le message de l'œuvre artistique n'a pas d'importance, ce sont la technique et la compétence qui priment. La manière de s'exprimer est plus importante que le contenu de l'œuvre artistique. C'est l'effet qu'une œuvre fait sur les gens qui est plus important que son message et son contenu.

Les courants idéologiques et moralistes sont, bien entendu, opposés à ce regard sur l'art, mais il est important de savoir que l'artisme n'est pas nécessairement immoral. Il est en fait amoral. Le formalisme va dans le même sens que l'artisme.

Selon le formalisme, la différence entre la poésie ou la prose est formelle, non une différence au niveau du contenu et du fond. Pour les formalistes, dans la musique, il n'y a pas de contenu, qu'elle soit engagée ou pas. L'artisme est involontairement un courant élitiste, car ce ne sont que les élites qui peuvent comprendre le message des artistes.

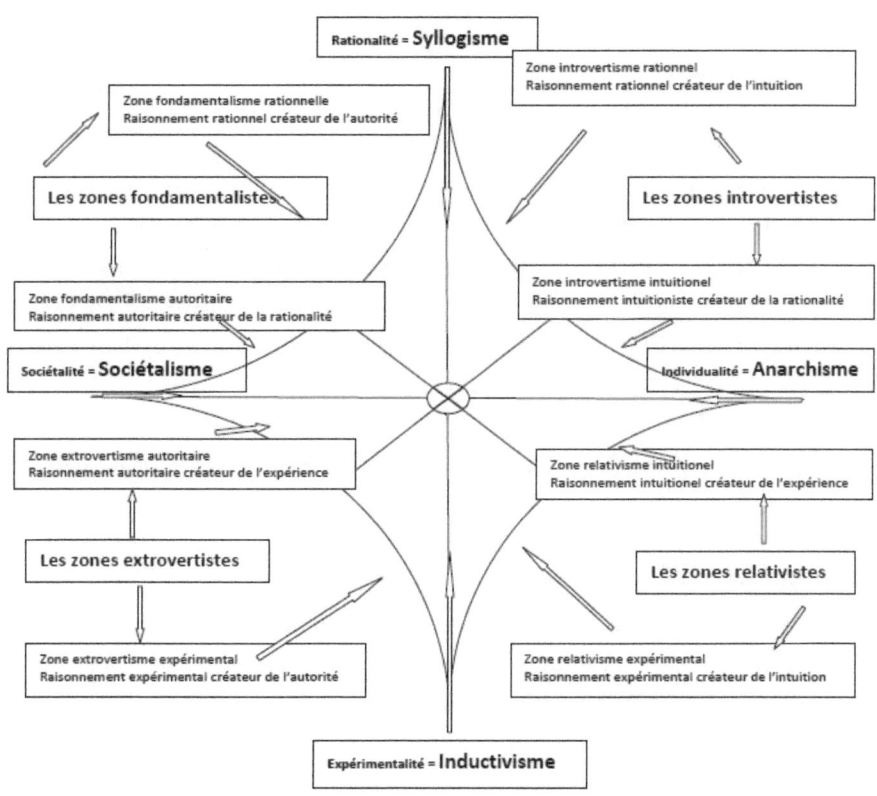

C4- L'interface du domaine Extrovertisme Expérience - Autorité: le scientisme

Le scientisme est une pensée selon laquelle la seule possibilité de trouver une connaissance valable nous vient des sciences positives; le rôle de la raison n'est donc que le rôle qu'elle joue dans la construction de la science, et pas autre chose.

Pour le scientisme, les méthodes scientifique doivent utiliser dans tous les domaines qu'il soient matériels ou spirituels, tous les domaines culturels, moraux ou philosophiques, parce que c'est seulement la science qui répondre tous les problèmes moraux et sauver l'humanité de l'ignorance. Pour chaque problème existe une réponse universelle et globale qui est au delà de l'opinion des gens, qu'il est impersonnel. Une bonne éducation peut illuminer le chemin des gens pour ne pas tomber dans l'obscurité d'hallucination et d'imagination métaphasique et théologique. C'est la science qui peut offrir une gestion rationnelle de la société. En effet la société doit être dirigée par un sort de combinaison d'aristocratie des savants et de technocratie des techniciens et s'éloigner de la bureaucratie des politiciens. Dans la bureaucratie des politiciens, la démocratie, la citoyenneté, la théologie etc. n'ont aucun sens, car les membres de la société ne sont pas égaux dans la gestion de la société.

D- Les raisonnements quarto-factoriels

Ce sont les raisonnements qui s'appuient sur les quatre sources de connaissances à leur juste place. Réaliser un tel exploit nécessite beaucoup de puissance mentale, ce qui n'est pas à la portée de tout le monde. Il faut l'homme total que Diogène cherchait avec sa lanterne en plein jour et celui au service de qui Hafez désirait être parce qu'il était détaché de toutes les dépendances de ce monde. L'homme total, c'est celui qui use de son bon sens, sans amour ni haine.

Mais dans la pratique, ces raisonnements se font par les acteurs en amalgament les idées provenant de toutes horizons.

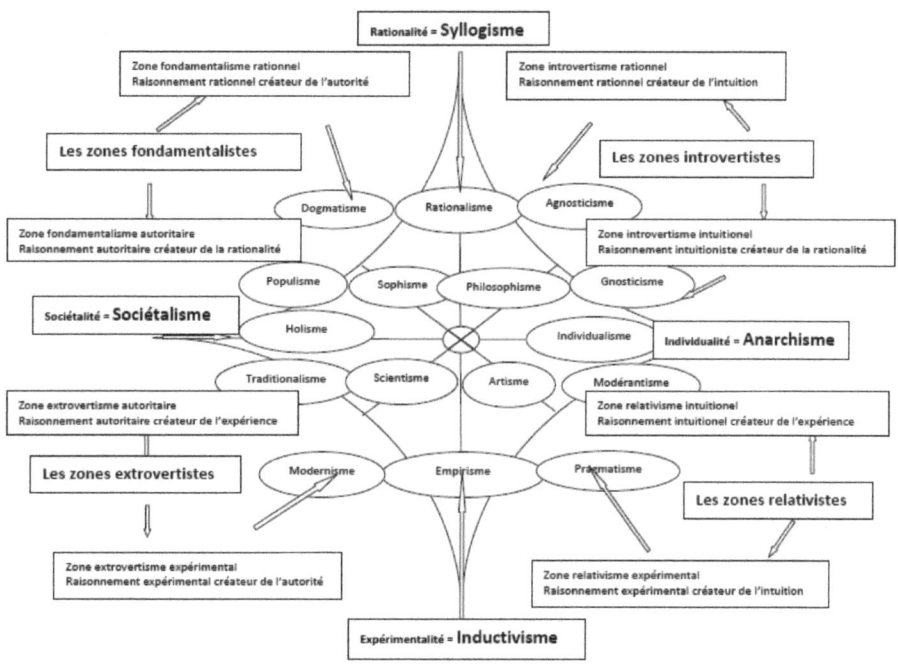

Losange des connaissances et le temps

Je vais expliquer ici le losange des connaissances et son évolution dans le temps. Comme on peut constater dans la figure suivante, pour simplifier mon explication, je ne présente que deux macro-zones, à savoir 'individualité' et 'sociétalité'. Ces deux macro-zones se situent sur l'axe spécification de la connaissance. Comme nous le savons maintenant, ce sont deux zones complémentaires.

Dans cette figure, H1 représente la zone du losange interne, l'état le plus naturel: l'extravertisme autoritaire avec les raisonnements autoritaires créés par la rationalité. A côté de H1, il y a H2, c'est-à-dire la même zone, mais se situant dans le losange externe, c'est-à-dire l'état le plus artificiel des raisonnements autoritaires créés par la rationalité. J'ai montré ces deux zones avec la lettre H, parce que ce sont les zones modernes. Mais, en réalité, ces zones se trouvent sur les zones plus anciennes de h1 et h2. Autrement dit, h1 et h2 sont l'historique et les antécédents des zones H1 et H2. Il nous reste maintenant à voir ce que sont les antécédents de chaque zone et les mettre à leur place. Il faut savoir, comme on peut le voir dans la figure suivante, que les antécédents historiques d'une nouvelle zone peuvent continuer à exercer leur influence encore maintenant. En d'autres termes, h1 peut exister encore aujourd'hui, mais il est situé dans la partie centrale de H1. En observant cette figure, nous nous rendons compte que h2 a, historiquement, plus ou moins disparu, et la raison en est simplement sa rigidité et son manque de flexibilité.

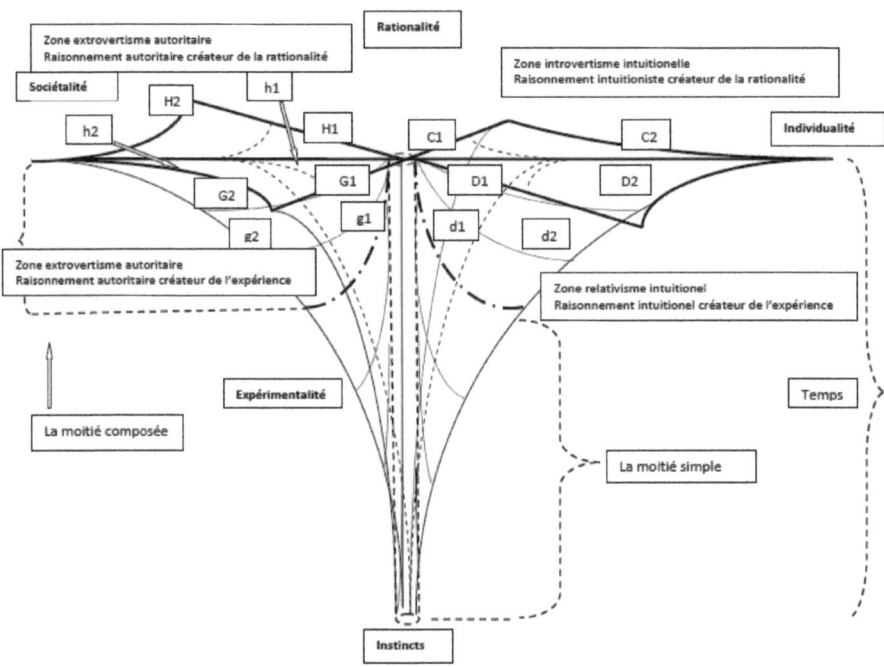

Je dois avouer que je ne connais pas l'ancienneté de beaucoup d'éléments des différentes zones. Il n'est pas évident de connaître facilement ceci, cela nécessite des investigations et des études poussées pour bien déterminer l'ancienneté d'un élément. C'est la raison pour laquelle je ne présente qu'une des zones pour laquelle il me semble disposer d'assez d'informations.

La zone d'introvertisme intuitionnel est la zone dans laquelle les raisonnements intuitionnels créent la raison, c'est-à-dire que l'intuition et la raison à la base sont au service de la rationalisation de l'intuition. L'idéologie la plus représentative de cette zone est le gnosticisme et est constituée d'un triangle à trois côtés, composé du gnosticisme, du philosophisme et de l'individualisme. À l'endroit de C1, cette zone plus proche du centre de losange, nous rencontrerons des tendances gnostiques qui ont des relations plus étroites avec le philosophisme et l'individualisme. À mon avis, les œuvres d'une très grande partie des auteurs classiques iraniens, comme Hafez, Rumi, Sa'di, Khayyâm par exemple, se situent à cet endroit du triangle. Ce sont eux que les Iraniens désignent du nom de 'âref'. Cette partie de la zone du gnosticisme est plus proche de sa zone complémentaire, c'est-à-dire la zone du populisme.

Dans la région C2, ce même gnosticisme se retrouve d'une manière plus rigide et sous forme de sectes intransigeantes et extrémistes. Elles insistent sur le fait d'abandonner le monde et les gens, de s'éloigner de la tyrannie, du despotisme ou de l'amour terrestre pour s'occuper de l'amour céleste.

En essayant de voir l'ancienneté des deux régions de la zone gnosticisme, nous comprendrons que parmi les quatre caractéristiques que nous avons citées plus haut, le panthéisme est le plus ancien. En effet, le panthéisme d'aujourd'hui est issu de l'animisme d'hier et donc la région c2 doit être la place de l'animisme qui après avoir connu des transformations et des évolutions dans le cours de l'histoire, et après avoir intériorisé le dualisme, le salut et le pessimisme, et après être passé par la période du chamanisme, est allé au stade de c1 et s'est transformé en indouisme, bouddhisme et jinisme.

Selon l'animisme, tous les êtres, vivants ou non vivants, ont du sens, de l'intelligence et une personnalité. Dans les sociétés primitives, le caillou, le bois, la rivière, la montagne, le désert, la volaille, les reptiles par exemple, possèdent une âme et c'est à l'homme de les contenter pour qu'ils ne lui arrivent pas malheur. Certaines traces de ces idées existent encore dans la religion japonaise shintoïste (la voie des dieux).

L'animisme se transforme en chamanisme, pour lequel le monde n'a pas eu un Dieu unique. C'est avec l'incarnation que l'esprit humain se perfectionne. Avec la magie, on peut dominer les forces naturelles et les mettre au service de l'homme. Cette religion est toujours vivante dans les tribus mongoles, chez Indiens d'Amérique et les Esquimaux. Les chamanes sont des prêtres et ont de rapports avec les forces surnaturelles. Comme dans l'animisme, le chamanisme croit aussi que l'homme doit se protéger des forces visibles et invisibles.

L'hindouisme, troisième religion du monde après le christianisme et l'islam, n'a ni un prophète ni des dogmes à suivre, mais, avec ses cinq mille ans d'histoire, est une des vieilles religions du monde. Il consiste en un ensemble de croyances et pensées philosophiques polythéistes. On peut connaître à travers les textes des Upanishad un système complexe de coutumes et croyances mystiques et soufies. Selon les Upanishad, il existe une âme totale que tous les esprits rejoindront après la mort, autrement dit une manifestation du panthéisme. Le Yoga est un moyen pour accélérer cette unification et l'incarnation consiste à se présenter à plusieurs reprises dans ce monde, de pessimisme gnostique, pour le perfectionner et mériter cette unification.

Le bouddhisme, proche de hindouisme, est basé sur quatre principes tels que la vie n'est que souffrances et insatisfactions issues du désir et des attachements qu'il faut évacuer pour éliminer la souffrance. Pour arriver à cela, il faut se priver et pratiquer l'austérité. Ainsi l'humain peut arriver au nirvana ou à l'anéantissement béatifique. On peut trouver cette religion au Ceylan, en Birmanie, au Japon, en Inde et en Chine.

Le jaïnisme qui a vu le jour en réaction contre l'hindouisme et le bouddhisme, est contre le fait de donner la mort aux animaux, même nuisibles, car ils font partie de l'âme et de l'existence totale. Pour les jaïnistes, tout est éternel dans ce monde. Dans l'incarnation, l'âme humaine garde son identité et un jaïniste, normalement après neuf incarnations, arrive au nirvana.

****

Nous avons vu l'évolution du losange de la connaissance, mais il reste un dernier point. L'itinéraire historique de l'évolution du modèle de connaissance n'est pas tout droit comme nous l'avons vu jusqu'à présent, mais un peu courbé. Cet itinéraire vient d'un passé très lointain (en bas à gauche) vers le temps présent (en haut à droite). Un tel mouvement nous montre la vieillesse et l'ancienneté du côté gauche du losange, c'est-à-dire que la macro-zone du fondamentalisme se renverse et se penche vers le côté moderne et nouveau du losange c'est-à-dire du côté droit, la macro-zone du relativisme.

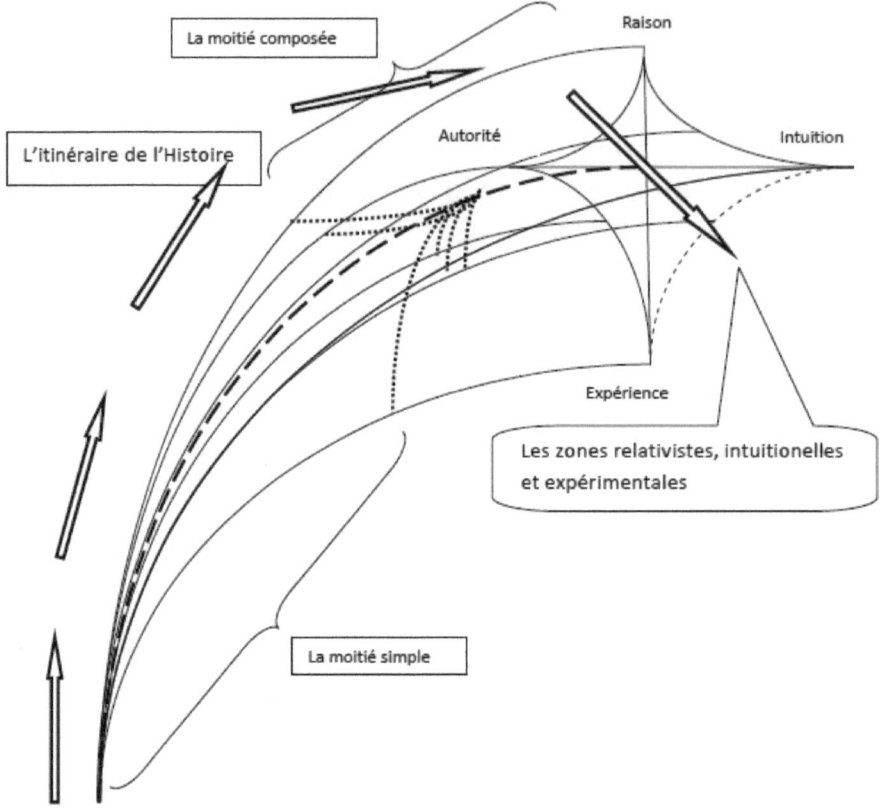

En effet le relativisme est un courant moderne, plus vaste et développé que le fondamentalisme. Le fondamentalisme est plus limité, plus dur et plus fermé. Ceci nous montre que la raison et le consensus, qui sont les fondements essentiels du fondamentalisme, laissent leur place petit à petit aux intuitions et expériences individuelles. L'orientation des connaissances humaines vient dès lors du macro vers le micro. En d'autres termes, le monde humain va de la fermeture vers l'ouverture, des principes vers le concret, de l'autorité vers le modérantisme, de l'élitisme vers le populisme, de la simplicité vers la complexité, de la certitude vers le doute, de la domination vers la collaboration, du centralisme vers la pluralité et finalement de la louange au rationalisme.

 **Complément**

Le losange des connaissances avec, ses petits losanges internes, forme évidement une sorte de spectre à deux dimensions. C'est un repère orthonormé (repère cartésien) pour situer la place géographique d'une école de pensée, d'une idée d'une personne, d'une communauté, d'un groupe ou bien d'une société.

Le losange des connaissances peut ainsi servir dans les recherches afin de générer les critères nécessaires au questionnement et en même temps être utilisé en vue de montrer les résultats des études. Dans ce cas, on obtiendra une forme qui démontre facilement les valeurs de chaque individu ou communauté ou d'une société.

Par exemple, un grand nombre d'écrivains et d'intelectuels iraniens pensent que les modèles de pensée d'Iran sont bien distincts de ceux des Occidentaux: effectivement, la pensée iranienne tournerait plutôt autour de l'axe sociétalité-individualité et serait plus penchée vers la sociétélité et l'autorité sociale. Tandis que, selon ces penseurs, l'Occident serait centré davantage autour de l'axe rationalité-expérimentalité avec une pente vers l'individualité.

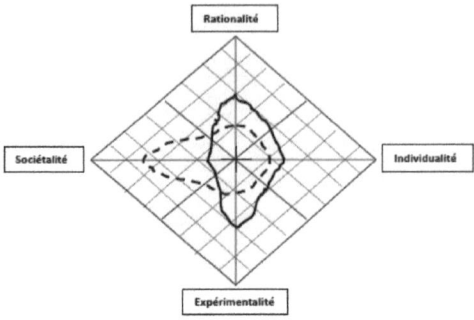

On peut bien sûr, avoir différents graphiques abstraits dans ce losange des connaissances. Par exemple, le graphique numéro 1 correspond à un homme complètement rationnel. Le second, un homme d'autorité absolue et finalement, le troisième: un homme parfaitement équilibré.

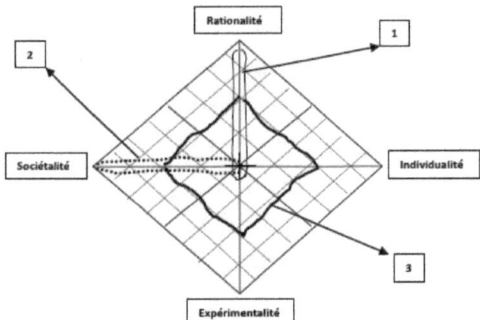

Bibliographie

- Akoun, André, Dictionnaire de sociologie, Le Robert, 1999.
- Alamdari, Kazem, Pourquoi l'Iran est resté en arrière et l'Occident a progressé? (Chera Iran 'aghab mand va gharb pish raft?), Nashr Towse'eh, 2001
- Antoine, Corinne, Petit Larousse de la psychologie, Larousse, 2005.
- Aron, Raymond, Introduction à la philosophie de l'histoire, essai sur les limites de l'objectivité historique, Gallimard, 1986.
- Beheshti, Seyyed Mohammad, La connaissance avec un langage interne (Shenakht ba zaban e fetrat), Hezb e Jomhoury Eslamy, ?.
- Berkeley, George, Principes de la connaissance humaine. Traduit par Yahya Mahdavi, Université de Téhéran, 1966.
- Berkeley, George, Trois dialogues entre Hylas et Philonous, traduit par Manouchehr Bozorgmehr, Université de Téhéran, 1976.
- Berthelot, Jean, Les vertues de l'incertitude: le travail de l'analyse dans les sciences sociales, PUF, 1996.
- Boudon, Raymond, Dictionnaire critique de la sociologie, PUF, 1986.

- Bourdieu, Pierre, Raisons pratiques. Sur la théorie de l'action, Seuil, 1984.
- Bozorgmehr, Manoutchehr, La philosophie de l'analyse logique (falsafeh ye tahlil manteghy), Entesharat e Karazmi, 1979.
- Crozier, Michel, L'acteur et le système. Les contraintes de l'action collective, Seuil, 1981.
- Dumont, Louis, Essai sur l'individualisme. Une perspective anthropologique sur l'idéologie moderne, Seuil, 1991.
- Dumont, Louis, Homo oequalis, Gallimard, 1977.
- Durant, William James, History of Philosophy, traduit par Abbas Zaryab Khouiy, Entesharat 'elmi va farhangi, 1994.
- Durant, William James, Pleasure of philosophy, traduit par Abbas Zaryab Khouiy, Entesharat Amouzesh Enghelab eslami, 1990.
- Elster, Jon, Fondations of Social Choice Theory, Cambridge UP, 1990.
- Ensafpour, Gholamreza, L'Iran et Iranien (Iran o Irani), Zowwar, 1984.
- Feshahi, Mohammad Reza, L'introduction au développement de la pensée aux Moyens Âges (moghadameh iy var seyr e tafakkor dar Ghoroun e vosta), Goutenberg, 1975.
- Foroughi, Mohammad Ali, Développement de la philosophie en Europe (seyr e hekmat dar Oroupa), Zowwar, 1965.
- Gaarder, Jostien, Le monde de Sophie, traduit par hassan Kamshad, Niloufar, 2002.
- Ghalamkaripour, Bijan, L'univers mentale des Iraniens, Paris,.L'Harmattan, 2012.
- Goffman, Erving, Les Rites d'interaction, Edition de Minuit, 1974.

- Grawitz, Madeleine, Lexique des Sciences Sociales, Dalloz, 1994.
- Ha'eri, Mehdi, Les recherches théoriques (Kavosh-hay e 'aghl e nazari), Amir Kabir, 1982.
- Hojjati Kermani, Ali, La méthode dialectique marxiste (Metod e dialektik e marksisty), Kanoun Nashr va Pajouhesh-hay e Eslami, ?.
- Ja'fari, Mohammad Taghi, La connaissance et ses dimensions au poit de vue scientifique et du Qoran (shenakht va anva' va ab'ade ân az didgah e 'elmy va Qorân), Daftar Nashr Farhang e Eslami, 1981.
- Jamalzadeh, Mohammad Ali, Les mœurs de nous les Iraniens (Kholghiyat e mâ iranian), Foroughi, 1966.
- Javadi Amoli, javad, Epistémologie dan le Qorân (shenakht shenasy dar Qorân), ?, ?.
- Kant, Emmanuel, Critique de la raison pure, traduit par Mir shamsseddin Soltani, Amir Kabir, 1983.
- Keyvan, B. La connaissance et discours philosophique (Shenakht va maghouleh ye falsafy), Shabgir, 1978.
- Lalande, André, Vocabulaire technique et critique de la philosophie, PUF, 1985.
- Locke, john, Essai sur l'entendement humain, traduit par Rezazadeh Shafagh, Ketabforoushi dehkhoda, 1970.
- Mead, George Herbert, L'Esprite, le soi et la société, PUF, 1963.
- Mojtabavi, Seyyed jalaleddin, La philosophie ou la quête de la vérité (falsafeh ya pajouhesh haghighat), Entesharat Hekmat, 1991.
- Mojtahedi, karim, La philosophie critique de Kant (Falsafeh ye naghghady Kant), Nashr Homa, 1984.

- Motahari, Morteza, Le problème de connaissance (mas'aleh ye shenakht), Sadra, 2008.
- Ogien, Albert, Le vocabulaire de la sociologie de l'action, Ellipses Edition Marketing, 2005.
- Parsons, Talcotte, The Social System, Tavistock, 1952.
- Pazargad, Baha'eddin, Les écoles politiques (Maktab-hay e siâssy), Eghbal, 1965.
- Popper, Karl Raimund, La connaissance objective, traduit par Ahmad Aram, Entesharat 'elmi va farhangi, 1995.
- Popper, Karl Raimund, Logique de la découverte scientifique, traduit par Ahmad Aram, Entesharat Soroush, 1991.
- Quéré, Louis, La théorie de l'action. Le sujet pratique en débat, Edition du CNRS, 1993.
- Rabbani Golpaygani, Ali, L'introduction à la théosophie (madkhal va darâmad 'elm kalam), ?, ?.
- Razavi, Morteza, Un survol sur la sociologie de la connaissance (Gozary bar jame'eh shenasy shenakht), Entesharat Kayhan, 1992.
- Russell, Bertrand, History of western philosophy, traduit par Najaf Daryabandari, Ketab Parvaz, 1994.
- Russell, Bertrand, Mysticism and Logic and Other Essays, traduit par Najaf Daryabandari, Ketabhay Jibi, 1983.
- Russell, Bertrand, Problèmes de philosophie, traduit par Ahmad Ordoubadi, Kanoun Ma'refat, 1957.
- Sadr, Mohammad Bagher, Notre philosophie (falsafeh ye mâ), traduit par Seyyed Mohammad hashan Mar'ashi Shoushtari, Sadr, 1972.
- Sadr, Mohammad Bagher, Fondement logique d'induction (mabani e manteghi Esteghra'), traduit par Seyyed Mohammad hashan Mar'ashi Shoushtari, Sadr, 1972.

- Said, Edward W. L'orientalisme, L'orient crée par l'Occident, Seuil, 2003.
- Sajjadi, Seyyed Zia'eddin, La pensée et la connaissance (Seiry da andisheh va shenakht), Nashr Pazang, 1988.
- Schütz, Alfred, Le Chercheur et le quotidien. Phénoménologie des sciences sociales, Klincksieck, 1987.
- Shayegan, Dariush, Les religions et les écoles philosophique de l'Ind (Adyan va maktabhay e falsafy hend), Amir Kabir, 1996.
- Simmel, Georg, Sociologie et épistémologie, PUF, 1981.
- Sobhani, Ja'far, La connaissance Dans le philosophie islamique (Shenakht dar falsafeh ye eslamy), Entesharat Borhan, 1996.
- Sobhani, Ja'far, La philosophie islamique et les principes de dialectique (Falsafeh ye eslamy va ossoul e dialektik), Entesharat Omid, ?.
- Soroush, Abdelkarim, Qu'est-ce que la science? Qu'est-ce que la philosophie? ('elm chist ? falsafeh chist ?), Payam Azadi, 1981.
- Spinoza, Baruch, Traité de la réforme de l'entendement et de la meilleure voie à suivre pour parvenir à la vraie connaissance des choses. Traduit par Esmaiyl Sa'adat, Nashr Markaz Daneshgahi, 1995.
- Tabatabaiy, Seyyed Mohammad Hossein, Les principes de la philosophie et la méthode de la réalisme (Ossoul e falsafeh va ravesh e realism), Daftar Entesharat Eslami, 1978.
- Tourain, Alain, Production de la société, Seuil, 1973.
- Weber, Max, Economie et société, Plon, 1971.
- Weber, Max, Essais sur la théorie de la science, Presses Pocket, 1992.

- Zibakalam, Sadegh, Comment nous somme devenue ce que nous somme? (Mâ chegouneh mâ shodim?), Entesharat Rowzaneh, 1994.

Table des matières

Introduction 7

Connaissance et action 11
    A- Le déterminisme,
    B- Le réactionalisme

Modèle de la connaissance en théorie 29

    1- la connaissance rationnelle
    2- la connaissance expérimentale
    3- la connaissance intuitionnelle
    4- la connaissance autoritaire

Les axes de connaissances
    1- l'axe de connaissance généralisation
    2- l'axe de connaissance spécification

Du temps
    1- Connaissances mono-factorielle
    2- Connaissances bi-factorielle

3- Connaissances basées sur les raisonnements communs aux quatre courants
4- Connaissances quarto-factorielle

Modèle de la connaissance en pratique 45

    A- Les raisonnements mono-factoriels
        A1- Le syllogisme
        A2- L'anarchisme
        A3- L'inductivisme
        A4- Le sociétalisme

    B- Les raisonnements bi-factoriels
        B1- Le dogmatisme
        B2- Le rationalisme
        B3- L'agnosticisme
        B4- Le gnosticisme
        B5- L'individualisme
        B6- Le modérantisme
        B7- Le pragmatisme
        B8- L'empirisme
        B9- Le modernisme
        B10- Le traditionalisme
        B11- L'holisme
        B12- Le populisme

    C- Les raisonnements communs aux quatre courants
        C1- Le sophisme
        C2- Le philosophisme
        C3- L'artisme

C4- Le scientisme

D- Les raisonnements quarto-factoriels

Losange des connaissances et le temps ………………………….. 75

Complément …………………………………………………….... 83

Bibliographie …………………………………………………….. 85

© 2014, Bijan Ghalamkaripour
Edition : BoD - Books on Demand
12/14 rond-point des Champs Elysées, 75008 Paris
Imprimé par Books on Demand GmbH, Norderstedt, Allemagne
ISBN : 9782322035182
Dépôt légal : Mai 2014